Elke klant is er één!

Elke klant is er één!

Jij als trotse ambassadeur van jouw eigen zorgbedrijf

Jos Spätjens

Bohn Stafleu van Loghum
Houten 2007

© 2007 Bohn Stafleu van Loghum, Houten
Alle rechten voorbehouden. Niets uit deze uitgave mag worden verveelvoudigd, opgeslagen in een geautomatiseerd gegevensbestand, of openbaar gemaakt, in enige vorm of op enige wijze, hetzij elektronisch, mechanisch, door fotokopieën of opnamen, hetzij op enige andere manier, zonder voorafgaande schriftelijke toestemming van de uitgever.

Voor zover het maken van kopieën uit deze uitgave is toegestaan op grond van artikel 16b Auteurswet 1912 j° het Besluit van 20 juni 1974, Stb. 351, zoals gewijzigd bij het Besluit van 23 augustus 1985, Stb. 471 en artikel 17 Auteurswet 1912, dient men de daarvoor wettelijk verschuldigde vergoedingen te voldoen aan de Stichting Reprorecht (Postbus 3051, 2130 KB Hoofddorp). Voor het overnemen van (een) gedeelte(n) uit deze uitgave in bloemlezingen, readers en andere compilatiewerken (artikel 16 Auteurswet 1912) dient men zich tot de uitgever te wenden.

Samensteller(s) en uitgever zijn zich volledig bewust van hun taak een betrouwbare uitgave te verzorgen. Niettemin kunnen zij geen aansprakelijkheid aanvaarden voor drukfouten en andere onjuistheden die eventueel in deze uitgave voorkomen.

ISBN 978 90 313 5180 0
NUR 802, 882

Ontwerp omslag: Podivium, Haarlem
Ontwerp binnenwerk: designwork-bno, Deventer
Automatische opmaak: Pre Press, Zeist
Cartoons: Wim Hendrix, Horst

Bohn Stafleu van Loghum
Het Spoor 2
Postbus 246
3990 GA Houten

www.bsl.nl

Inhoud

	Voorwoord	6
1	Mijn moeder in het verzorgingshuis	9
2	Mijn eigen obsessie voor kwaliteit en beleving	12
3	Kopje koffie	17
4	Van grondstof tot belevenis	19
5	De praktijk onder de loep	25
6	Het belang van een gezamenlijke en te onderscheiden boodschap	30
7	Leren leren	39
8	Tussenstand	52
9	Deelnemen aan organisaties	54
10	Jij als trotse ambassadeur van jouw zorgbedrijf	58
11	Case: Mijn eigen bedrijf	67
	Geraadpleegde bronnen	69
	Reageren?	70

Na de middelbare school ben ik, met zestien jaar, in de 'ernst van het leven' ingetreden door als aspirant leerling-ziekenverzorger te gaan werken in een verpleeghuis.

Het was 1969. Geen verpleeghuizen zoals we ze vandaag de dag kennen; nee, een oud voormalig kasteel waar vijftig demente bejaarden verpleegd werden, oudere alcoholisten met psychiatrische stoornissen en lichamelijk gehandicapte ouderen, allemaal door elkaar heen. Sommigen leefden op een twee- of vierpersoonskamer, het merendeel verbleef in grote zalen waar zo'n vijftien mensen sliepen. Ik zeg met opzet 'slapen', want dat was zo'n beetje de hoofdschotel van de dag.

Mensen kregen om zeven uur 's morgens ontbijt op bed, daarna was er de dagelijkse wasbeurt en vervolgens ging een enkeling naar de 'blauwe zaal', zoals die vroeger in dat kasteel heette. Daar was maar plaats voor twaalf mensen; de anderen bleven op bed of in een stoel naast het bed.

Het slaapritme overdag werd onderbroken door koffie om tien uur, warm eten om twaalf uur en dan weer naar bed voor de middagrust.

Daarna weer hetzelfde ritme als 's morgens, dan de avondboterham om vijf uur en daarna weer naar bed. Om zeven uur 's avonds werden de slaappillen uitgedeeld. Rust in de tent!

's Zondags kwam er sporadisch bezoek en ik werd telkens weer vervuld met plaatsvervangende schaamte wanneer ik bezoekers in de 'blauwe zaal' tussen roepende en verwarde ouderen zag zitten in de welhaast verstikkende lucht van natgeplaste katoenen luiers.

De mensen die er werkten, waren verpleegkundigen, ziekenverzorgenden en een enkele huishoudelijke hulp. Die waren samen heel de dag erg druk in de weer, vooral met elkaar en met zichzelf.

De omgang met de patiënten (zo heetten ze toen nog) was vriendelijk maar weinig respectvol. Het accent lag op het behalen van de tijdslimieten in het werk: zo laat de zalen klaar, zo laat het middageten afgeruimd, zo laat iedereen in bed. Je maakte je beslist niet populair als je uit eigen beweging meer tijd nam voor de mensen. Dat betekende immers dat het strakke tijdschema opschoof en daar was eigenlijk niemand voor te winnen.

Naast het dagelijkse ritueel werd de tijd gevuld met in colonne mensen naar de twee toiletten brengen die het kasteel rijk was (een ervan was tevens voor personeel), poetsen van zalen en kamers, spoelen en wringen van de merendeels door incontinentie veroorzaakte natte was, ronddelen van pillen (hele series kalmerende middelen) en de vaat wassen. Dat alles gebeurde onder leiding, liever gezegd het bewind, van een hoofdverpleegkundige die dit regime zo bedacht had en voor wie een carrière bij de Milva (Militaire vrouwenafdeling) beter had gepast.

Ik heb er tien maanden gewerkt en ben daarna in een naburig ziekenhuis de opleiding A-verpleegkundige gaan volgen. In die tien maanden zijn me twee dingen duidelijk geworden.

Als ik verandering wilde brengen in een situatie als deze, zou dat (toen) alleen kunnen vanuit een positie als leidinggevende. Dus mijn idee was: snel wegwezen daar, doorstuderen en promotie maken.

Iets anders dat mij opviel was dat al die mensen die er werkten kennelijk niet krachtig, sterk genoeg waren om verandering in de zaak te brengen. Ik weet nog heel goed dat ik als onervaren 'snotneus' voorstelde hoe iets anders of beter zou kunnen voor de patiënten en dat ik meestal teleurgesteld achterbleef met mijn – soms weggelachen – mooie ideeën.

Eigenlijk was er in het kasteel sprake van twee werelden. Er was de wereld van de patiënten in het strakke dagritme, die niet veel voorstelde. En dan was er de wereld van 'de staf', zoals de milva haar medewerkers noemde.

Die wereld van 'de staf' bestond wel degelijk. De medewerkers vormden een front tegenover de gezamenlijke vijand, hoofdzuster Milva zal ik maar zeggen. Je kunt wel raden dat dit front uiteindelijk niet veel voorstelde. Veel achterklap, geroddel, 'klik en niet-klik'-relaties onderling en vooral veel lol met elkaar wanneer zij er niet was.

Mijn idee was om het in de toekomst 'beter en anders' te gaan doen, zowel voor de patiënten als voor de medewerkers. Mijn drive voor 'anders en beter' in mijn latere loopbaan is, denk ik, in dat kasteel ontstaan. Ik dacht zelf voor een beroep gekozen te hebben waarin het helpen van anderen op een respectvolle wijze zou moeten gebeuren. Te naïef gedacht dus!

Inmiddels heb ik mijn loopbaan in de gezondheidszorg vervolgd en ik kan met de wijsheid van nu heel goed nagaan wat daar in dat kasteel gebeurde en vooral hoe dat kwam. Tijdens mijn loopbaan in tal van leidinggevende functies ben ik geïnspireerd door 'anders en beter' doen. Het is mijn stellige overtuiging dat dit ook absoluut kan.

Gelukkig zijn veel dingen ten goede veranderd in de gezondheidszorg. Toch zijn er ook dingen die maar moeilijk te veranderen en erg weerbarstig zijn, namelijk de manier waarop leiding en sturing wordt gegeven in een zorginstelling of op een verpleegafdeling en de mate waarin medewerkers zich vrij voelen om met en voor hun klant samen de goede dingen te doen.

Volgens mij bestaat er een directe relatie tussen die twee. Er zijn veel goede voorbeelden te geven van een manier van leidinggeven die medewerkers juist nog verder uitdaagt om een klant meer dan tevreden te stellen. Maar er zijn ook nog te veel voorbeelden van situaties waarin die leidingstijl er niet is en medewerkers niet de ruimte (durven) nemen om er voor hun klanten het beste van te maken. Ik hoor maar al te veel directeuren roepen dat zij er moeite mee hebben dat 'hun' medewerkers niet de juiste ambassadeursrol vervullen.

Over hoe dat komt en hoe zowel leidinggevenden als medewerkers hier verandering in kunnen brengen gaat dit boekje. Het is een pleidooi voor meer eigen initiatief van medewerkers om 'te gaan voor' hun klanten. Voor managers en leidinggevenden zijn tips en adviezen opgenomen hoe zij zo'n situatie kunnen bereiken.

Ik denk dat hiermee de titel van dit boekje, *Elke klant is er één!*, voldoende is verklaard.

Jos Spätjens
juni 2007

1 Mijn moeder in het verzorgingshuis

Een jaar of vijf geleden verhuisde mijn moeder, toen 90 jaar, vanuit haar eigen appartement naar een verzorgingshuis. Haar gezichtsvermogen was zo slecht dat zelfstandig wonen niet langer verantwoord was. Een voor haar ingrijpende gebeurtenis, wanneer je bedenkt dat ze het liefst zelfstandig was blijven wonen en dat zij van die negentig jaar leven toch zeker zeventig jaar lang de eigen regie gevoerd heeft. Ingrijpend ook omdat een leefwereld van honderd vierkante meter van vandaag op morgen moest worden ingeruild voor een zit/slaapkamertje van 28 vierkante meter en ze op korte termijn afstand moest doen van veel vertrouwde meubels en andere bezittingen. Om nog maar te zwijgen van al het andere dat vertrouwd was: de buren, haar hond en ga zo maar door.

De eerste dagen gingen wij veel op bezoek om de overgang voor haar zo comfortabel mogelijk te maken. Ook haalden we haar 's zondags op om bij ons te eten. De volgens haar eigen recept gemaakte, ouderwetse tomatensoep was natuurlijk niet te evenaren door de soepjes in het verzorgingshuis met fantasienamen waar zij nog nooit van gehoord had...

Kennismaking

Na verloop van tijd werd aan haar een zogenaamde contactverzorgende toegewezen. Carla, een lief, bescheiden meisje, zoals mijn moeder ons vertelde, zou binnenkort het initiatief nemen om ook met ons, mijn vrouw en mij, kennis te maken. Deze kennismaking bleef uit, ook al omdat na enkele maanden Carla werd vervangen door een andere contactverzorgende, Mies.
  De kennismaking met Mies kwam op een wel heel bijzondere manier tot stand. Op een avond trof ik bij het leegmaken van de brievenbus een vodje bedrukt papier aan bij de post, waarop aan de ene kant weekmenu's stonden afgedrukt en op de blanco kant een paar zinnen waren gekriebeld. Dit is waar gebeurd!

H.1

Meneer Spätjens, moet uw moeder gereanimeert (met een t!) worden wanneer haar bij ons iets overkomt?
Ik moet dit opschrijven in het zorgdossier.
Groetjes Mies, contactverzorgende

Wij hebben Mies daarna gebeld voor een afspraak. Dat lag toch al in de bedoeling. We maakten kennis met een heel aardige meid die haar uiterste best deed het mijn moeder naar haar zin te maken. Wanneer wij vragen hadden over de zorg of het wonen, konden we haar altijd bellen, zei ze.

Dat hebben we geweten. Inmiddels is ook Mies weer vervangen, maar opvallend was dat ze, in de tijd dat ze als contactpersoon voor mijn moeder en voor ons optrad, maar zelden aanwezig was.

Nu schets ik misschien als niet-leek een wat bevooroordeeld beeld, maar nachtdiensten, vakanties en een periode van zwangerschap zorgden ervoor dat zowel mijn moeder als wij weinig plezier hebben kunnen beleven aan Mies in gevallen dat we haar echt nodig hadden. En ik geef het je te doen wanneer je dan afhankelijk bent van informatie van andere medewerkers! Natuurlijk, waar gewerkt wordt, vallen spaanders en werken in de zorg blijft mensenwerk.

Figuur 1.1
Contactverzorgende ('contactdoos')

Onder druk

Wij maken rond mijn moeder gelukkig ook veel voorbeelden mee van goede zorg en dienstverlening, van echte betrokkenheid en menselijke belangstelling. Toch valt me ook hier weer op – uiteraard niet te vergelijken met de situatie in 'het kasteel' van vroeger – dat mensen die werken in de zorg kennelijk vaak sterk onder druk staan om dingen te (moeten) regelen en te doen. Zou dat hen vanuit het werksysteem worden opgelegd of zou het zelfbedacht zijn en door henzelf als plezierig worden ervaren?

Deze druk komt bij degene die afhankelijk is van de zorgverlener over als machinaal en onpersoonlijk. Daarbij komt dat vragen om iets extra's van de kant van de klant achterwege wordt gelaten omdat de klant denkt dat het druk is, dat er waarschijnlijk toch geen ruimte is en ga zo maar door. Eigenlijk moeten klanten voortdurend 'opofferen', omdat datgene wat ze werkelijk willen en verwachten maar zelden verwezenlijkt wordt. Je kent de 'ja, maar'-cultuur vast wel uit je eigen praktijk.

Opvallend is dat zo'n houding bij de vrijwilligers in mijn moeders verzorgingshuis in het geheel niet aanwezig is. Bij hen is juist wel sprake van een rustige bejegening, ruimte voor extra's en ook oprechte belangstelling voor dagelijkse en niet-dagelijkse dingen.

Die hebben ook tijd genoeg, hoor ik verzorgenden denken. Maar daar kan het niet alleen in zitten! Kennelijk is er meer.

2 Mijn eigen obsessie voor kwaliteit en beleving

Ik kom zelf uit een middenstandsgezin. Mijn ouders hadden vroeger een schoenmakerij, leer- en schoenenzaak. Mijn vader had sterke en strenge principes als het ging om zakendoen, eerlijkheid en rechtvaardigheid. Een gevleugelde uitdrukking bij ons thuis was: Doe maar gewoon, dan doe je al gek genoeg, en: Als je het doet, doe het dan goed. Er was geen ruimte voor een 6, nee, het moest voor hemzelf altijd een 8 zijn of meer en je kunt je voorstellen dat dit ook gold voor de opvoedingsprincipes die hij ons doorgaf. Hier is bij mij de basis gelegd om dingen goed te willen doen.

> Door mijn beslissing om voor een beroep in de dienstverlening te kiezen werd het bewustzijn voor 'de goede dingen doen' en 'de dingen goed doen' alleen nog maar verder aangescherpt. Net als veel andere mensen die in de dienstverlening werken, heb ik denk ik een antenne ontwikkeld voor wat goede dienstverlening en kwaliteit (horen te) zijn. Daarbij past ook de hevige allergie die ik heb opgebouwd voor situaties waarin de kwaliteit niet in de haak is.
>
> Ik kan bij het lezen van een klachtenbrief van familieleden van klanten vaak woedend worden over de vele miscommunicatie, het gebrek aan invoelingsvermogen, kortom zo weinig kwaliteit en beleving.

■

Spontaan, puur en echt

Een paar jaar geleden bezochten mijn vrouw en ik tijdens een Amerika-reis de Universal Studio's in Hollywood. Ik ben niet zo'n pretparktype maar we waren eenmaal daar en het werd door iedereen aanbevolen, dus wij ernaartoe.
Bij de kassa's moest entree betaald worden en we stonden in een korte rij.
Na enkele minuten waren we aan de beurt en een jonge Amerikaanse met zonneklep op en daarop de aanduiding 'Chief Commander' begroette ons met de vraag: 'Hey guys, where are you from?'
Ik antwoordde: 'From Holland', waarop zij de omstanders in ons gesprek be-

trok en luidkeels riep: 'Hey guys, listen, these people are from Holland, isn't that great...?'
'Welcome in America!' riepen de Amerikanen in koor terug.
Deze, in mijn beleving niet geacteerde, begroeting ging vooraf aan een onvergetelijke dag Universal Studio's met de ene kwaliteitservaring en unieke beleving na de andere; veel gepland uiteraard maar absoluut ook veel spontaan, puur en echt!

■

De andere kant: de allergie

Een jaar geleden belde mij 's avonds een KPN-medewerkster met de vraag of ik geïnteresseerd was in het verlagen van mijn telefoonrekening.
Als dat zo was kon ik een nieuw SLIM-abonnement afsluiten met aanmerkelijke prijsverschillen.
Ze vroeg me de KPN-facturen van het laatste halfjaar bij de hand te nemen en ze rekende me – overigens in alle kalmte en rust – precies voor hoeveel lager mijn rekening zou zijn wanneer ik al een SLIM-beller zou zijn geweest.
Niet langer getwijfeld: doen!
Ze zou me een contract toesturen en een doos met een extra modem, waarmee ik dus in toekomst goedkoper af zou zijn. Ik koos ervoor om een KPN-monteur dit modem te laten aansluiten voor 99 euro.
De eerste facturen van SLIM lieten inderdaad een fors gedaalde telefoonrekening zien, maar de aansluitkosten van 99 euro werden tweemaal afgeschreven. Vergissing natuurlijk.
Ik bellen met SLIM, bereikbaar op werkdagen van 9.00 tot 22.00 uur.
Zo ongeveer drie weken heb ik het geprobeerd: helaas, de lijnen zijn overbezet en mij wordt gevraagd het op een later tijdstip nog eens te proberen.
Dan maar een brief schrijven. De directeur externe relaties schrijft terug dat ik me in verbinding moet stellen via een (= hetzelfde) telefoonnummer. Inmiddels heb ik het opgegeven na een halfjaar bellen.

Een fraai voorbeeld van hoe een dienstverlener zijn persoonlijke relatie met een klant verstopt achter een callcenter met kennelijke overbelasting. Het is dus óf accepteren en berusten óf van provider veranderen, maar ik vrees, gelet op deze ervaring, het ergste wanneer ik van SLIM af zou willen!

H.2

Het zijn twee voorbeelden van kwaliteit van dienstverlening die bij mij tot een blijvende beleving leiden. Over deze voorbeelden zal ik nog wat achtergronden geven die ik later gelezen heb.

Figuur 2.1
... where are you from..?

Achtergronden

Universal Studio's is een van de best scorende amusementsbedrijven in de Verenigde Staten, dat telkens prijzen in de wacht sleept voor de kwalitatief hoge dienstverlening en er kennelijk in slaagt bij klanten een onuitwisbare beleving op te roepen. Dat laatste zit natuurlijk al in de aard van het bedrijf (fun organiseren), maar de prijzen winnen ze juist door waarde toe te voegen aan de dienstverlening. Ze leiden hun medewerkers op om als regisseur van belevenissen bij hun gasten op te treden door een heel eigen en persoonlijke stijl van omgaan met gasten aan te moedigen. Uitdrukkelijk geen standaarden in de zin van wat mag en moet! Zij passen in hun bedrijf een gevarieerd scala toe aan uitwisselingsmogelijkheden voor hun medewerkers; vandaag werken ze aan de kassa als Chief Commander, volgende week verkopen ze ijsjes, dan weer lopen ze als clown verkleed door het park om kinderen te verrassen en ga zo maar door.

De filosofie is dat de medewerkers zelf de gasten in huis hebben, en dat juist door het organiseren van belevenissen die gasten op een persoonlijke manier aangesproken worden. Bij mij is dat toen in elk geval goed gelukt.

Dan de KPN-*perikelen*. Door een dergelijke ervaring slaagt een bedrijf er kennelijk ook in een onuitwisbare belevenis mee te geven aan een klant. Je kunt je voorstellen wat er met je gebeurt wanneer je na dagenlang bellen en het eindeloos indrukken van cijfers tot slot altijd weer bij die mechanische stem terechtkomt, die meldt dat op dit ogenblik de lijnen overbezet zijn en je het beter later nog eens kunt proberen.

Ik neem aan dat KPN dit werk heeft uitbesteed aan een callcenter.

Ik hoorde laatst van een kennis, wiens zoon in een callcenter werkt, dat medewerkers daar zeer strak geïnstrueerd worden over wat te zeggen en wat niet. Kan ik me voorstellen. Maar deze instructies gaan zo ver dat exact is bepaald hoe lang een medewerker van zo'n callcenter mag spreken met een klant bij het eerste introductiegesprek, bij het vervolggesprek en zo verder.

De prestaties worden gemeten en vormen de basis voor de uiteindelijke 'afrekening' met de medewerker. In dit geval ging het om het verkopen van schriftelijke cursussen.

Beleving

Wanneer je wat verder ingaat op beide voorbeelden, valt op dat een uiteindelijke positieve of negatieve beleving van een klant waarschijnlijk te maken heeft met de omgeving waar medewerkers hun werk doen. Is die omgeving sterk geprogrammeerd en is er sprake van een zogenaamde afrekencultuur of worden mensen vrijgelaten en aangemoedigd om op maat gesneden fun te organiseren voor hun gasten?

Kennelijk is er een verband tussen de werkomgeving en het uiteindelijke resultaat.

Over beleving gesproken: nog even over mijn moeder in het verzorgingshuis. Een verhuizing naar een verzorgingshuis op zo'n hoge leeftijd is natuurlijk een belevenis die zijn weerga niet kent. Stel je eens voor wat er gebeurt. In een dag verandert je totale omgeving, de mensen om je heen, je spullen... en dat terwijl je daar niet eens om gevraagd hebt. Oké, er was voor haar nauwelijks een andere keus. Maar wanneer je bedenkt hoe slecht die enorm ingrijpende belevenis is geregisseerd van de kant van dat verzorgingshuis, breekt je klomp.

H.2

Ik haast mij te zeggen dat dit waarschijnlijk in de zorgcentra waar ik werk niet veel anders zal zijn. Het is toch ongelofelijk hoeveel kansen wij hier laten liggen.

3 Kopje koffie

Wanneer je de krant of een willekeurig tijdschrift openslaat, zie je aan de advertentieteksten dat elk bedrijf of organisatie zich wil onderscheiden van de andere. Dat geldt ook voor de gezondheidszorg. Alleen mis je daar – wanneer je kritisch naar de teksten kijkt – waar nu precies het onderscheid zit.
Duidelijk is in elk geval dat niemand meer gewoon producten of diensten wil leveren; overal worden extra's, services, garanties enzovoort toegevoegd. Het gaat al lang niet meer alleen maar om de prijs, hoewel korting krijgen van alle tijden is. En misschien ook wel erg Hollands?

Ik wil hier even nader ingaan op die extraatjes en toevoegingen. Laatst las ik in een horecavakblad dat ondernemingen die koffiebonen oogsten en verhandelen op dit moment circa 1,90 euro per kilo krijgen. Omgerekend is dat twee eurocent per kopje koffie. Daarna komt de fabrikant die de bonen maalt, inpakt en in de winkel in de schappen zet; dan stijgt de prijs, afhankelijk van het merk en gewicht, tot ongeveer 15 à 20 eurocent per kopje. Wordt datzelfde kopje koffie in een restaurant, kantine of snackbar genuttigd, dan kost de dienstverlening om dat kopje koffie heen al gauw één tot anderhalve euro per kopje.

Afhankelijk van de vraag wat een bedrijf doet met de koffie, hechten consumenten er een verschillende waarde aan: de koffieboon als bulkproduct, de gemalen koffie mooi verpakt als artikel te koop in de winkel en als dienst aangeboden in een restaurant, telkens oplopend in waarde.

Maar nu komt het! Voor diezelfde koffie, compleet met een bonbon, glaasje water, voorverwarmd typisch Italiaans espressokopje in een vijfsterrenrestaurant of in een flitsende espressobar waar het bestellen, maken van de koffie, uitserveren en opdrinken in een chique omgeving gebeurt of in een soort theatersfeer, betaalt de klant met gemak enkele euro's meer.

Ken je zelf dat vakantiegevoel niet, bijvoorbeeld in Italië op een groot terras? Italiaanse kelner, zwarte broek, wit kelnerjasje, dampende espresso, historische gebouwen om je heen, het geluid van de fantastische verchroomde koffiemachine. Maakt het jou dan nog uit wat die espresso kost?

H.3

Kennelijk zijn mensen bereid fors meer te betalen voor een product of dienst wanneer de beleving eromheen uitstijgt boven het alledaagse.

Figuur 3.1
Ze maken de koffie expres-zo duur..!

4 Van grondstof tot belevenis

Uit het voorbeeld van het kopje koffie in het vorige hoofdstuk blijkt dat het mogelijk is om een simpele grondstof (koffieboon) uiteindelijk via verschillende bewerkingen om te vormen tot een ware klantbelevenis.

Commodities

In de economie noemt men die koffieboon een *commodity*, je zou kunnen zeggen een grondstof; een materiaal dat afkomstig is uit de natuur: dierlijk, plantaardig of mineraal. Mensen fokken dierlijke commodities op het land, delven mineralen uit de grond of planten dingen in de grond. Na slachten, oogsten of delven worden commodities in de regel verwerkt of geraffineerd door bedrijven waardoor de commodities bepaalde eigenschappen krijgen. Vervolgens maken ondernemingen van deze grondstoffen producten die opgeslagen worden en uiteindelijk naar een klant gaan die ze van het schap haalt in de winkel. Deze goederen zijn tastbaar, je kunt ze voelen, ruiken, proeven en in voorraad nemen.

Diensten

Dan kennen we in de economie ook nog de zogenaamde *diensten*. Diensten zijn, in tegenstelling tot goederen, niet-tastbare activiteiten die afgestemd zijn op individuele behoeften van klanten. Mensen die diensten aanbieden noemen we dienstverleners. Het kenmerk is dat zij producten gebruiken om 'iets te doen' met een bepaalde klant. Het afnemen van een gehoortest of haren knippen zijn voorbeelden. Dienstverleners kunnen ook 'iets doen' met de eigendommen van een klant; bijvoorbeeld zijn tuin onderhouden of zijn auto wassen. In het eerste geval werkt de klant zelf mee aan de realisering van de dienst; hij zegt bijvoorbeeld dat zijn haren lang of kort geknipt moeten worden. In het tweede voorbeeld kan de dienst zonder medewerking van de klant tot stand komen.

Klanten waarderen de voordelen van een dienst in het algemeen hoger dan de producten waarmee deze diensten tot stand komen. De producten, bijvoorbeeld de schaar of de föhn bij de kapper, zijn slechts het middel waarmee de dienst tot stand wordt gebracht.

De scheiding tussen goederen en diensten is niet strikt te maken. De grens daartussen vervaagt steeds meer. Een restaurant levert bijvoorbeeld voedsel (een tastbaar goed), maar doordat de klant meewerkt (hij bestelt, proeft, keurt de wijn goed of af) en een deel van het werkproces in een restaurant (bediening) als service is te beschouwen, wordt een restaurant tot de dienstensector gerekend. De levering van een computer is strikt genomen te beschouwen als de levering van een tastbaar goed. Maar doordat aansluiting, instructie en eventueel de daarbij behorende opleiding diensten zijn, wordt deze bedrijfstak ook wel gezien als behorend tot de dienstensector.

Services

In de dienstensector, waartoe overigens ook de gezondheidszorg behoort, verlangen steeds meer afnemers *service*. Service waarvoor klanten graag bereid zijn extra te betalen.

Wie koopt er bijvoorbeeld nu nog een mobiele telefoon? Afgezien van de technofreaks die altijd het laatste nieuwe technische snufje wil zal niemand er meer een kopen. Vrijwel iedereen wacht op het aanbod van een netwerkprovider die gratis een telefoon levert wanneer je abonnee wordt. Hier zie je dus dat goederen worden weggeven om een dienst (telefoonabonnement) te mogen leveren.

Bij dienstverlening – neem de gezondheidszorg of de horeca als voorbeeld – gaat het altijd om de menselijke factor die samen met de klant de dienst maakt. Een goede bejegening, goed luisteren naar wat de klant wil, nakomen wat je belooft zijn hierbij meer bepalend voor het uiteindelijke resultaat. De wijze waarop de klant een dienst waardeert.

Vraag mensen maar eens naar hun ervaringen met een verblijf in een ziekenhuis. Meestal hoor je in hun waardering iets over het gedrag van artsen, verpleegkundigen, de kwaliteit van het eten, of er een pc-aansluiting op de kamer was, een krant te koop was enzovoort. Over services en gedrag dus. Het feit dat de liesbreukoperatie slaagde, wordt als vanzelfsprekend ervaren.

Door het verlenen van goede service, het bieden van extra's en het feit dat het bij dienstverlening altijd om intermenselijke relaties en de kwaliteit van communicatie gaat, kunnen dienstverleners zich in positieve zin onderscheiden van anderen.

Als je er goed over nadenkt, hebben we in de gezondheidszorg eigenlijk tal van kansen en mogelijkheden. Maar toch...

Belevenissen

Sinds enkele jaren onderscheidt men in de economie ook nog het aanbod van *belevenissen*. Ondernemingen in die sector gebruiken opzettelijk diensten als 'podium' en goederen als 'rekwisieten' om klanten op een zeer persoonlijke manier te raken.

Nog even terug naar de kenmerken. Grondstoffen zijn inwisselbaar (verwerkbaar tot iets), goederen tastbaar en diensten zijn niet-materieel (niet tastbaar). Belevenissen daarentegen zijn gedenkwaardig omdat zij vaak een onuitwisbare indruk maken, zoals mijn bezoek aan Universal Studio's.

Kopers op de belevenissenmarkt zijn geen klanten maar gasten; bedrijven die op deze markt actief zijn worden belevenissenregisseur genoemd. Maar pas op, het gaat hierbij niet alleen over pretparken en andere fun-activiteiten.

Zo'n bedrijf dat belevenissen regisseert voor zijn gasten neemt al lang niet meer genoegen met het leveren van goederen en diensten; het zorgt voor belevenissen met veel gewaarwordingen, verrassingseffecten die mensen op een heel persoonlijke manier raken.

Het mooie is dat er geen twee personen bestaan die dezelfde belevenis hebben ondergaan; elk mens zal de dingen anders en op zijn eigen manier ondergaan en ervaren.

Commerciële sector
Grote winkelketens van sportartikelen ontwerpen de inrichting van hun shops zo dat de klant het winkelen zelf als een belevenis gaat beschouwen. Dit doen ze door bijvoorbeeld een twintig meter hoge bergwand te bouwen naast de parkeerplaats waar klimmers hun bergsportmateriaal kunnen uitproberen en mountain bikers kunnen afdalen. En wat dacht je van de winkels van Albert Heijn, waar het winkelen steeds meer tot een beleving wordt gemaakt, doordat er proeverijen van kaas, wijn, koffie in de winkel worden georganiseerd? En waar klanten via *AllerHande* aan slimme recepten worden geholpen met producten die in de schappen liggen?

Het gaat erom te achterhalen wat een klant bij het gebruik van een product of het ondergaan van een dienst ervaart. Niet het verbeteren van het product zelf dus, maar de beleveniswaarde eromheen.

Een ontwerper van een bedrijf voor huishoudelijke apparatuur vond bijvoorbeeld uit dat mensen vaak eten in de auto of thuis op de bank in plaats van aan tafel. Er zou een eetbelevenis gecreëerd moeten worden. Dit bedrijf heeft daarom bedacht dat mensen in hun auto of luie stoel een koelvak zouden kunnen gebruiken, waardoor de eetbeleving wordt versterkt. Een dergelijk idee was in het traditionele denken in deze bedrijfstak nooit bedacht, omdat men zich daar eerder druk maakt over de vraag hoe een apparaat werkt in plaats van wat een klant doet tijdens het eten (tv-kijken bijvoorbeeld of autorijden).

■

Belevenisimago

Wat dacht je van het belevenisimago van zoiets als de motorfiets van Harley Davidson? Of van Porsche?

Harleys geven kennelijk zo'n totaal beleveniseffect bij gebruikers (stoerheid, vrijheid, technische superklasse) dat zelfs eigenaren het logo van Harley op hun lichaam laten tatoeëren. Met welk ander merk kun je je dat voorstellen?

Porsche is ook zo'n ijzersterk merk dat staat voor technische klasse, degelijkheid, prachtig ontwerp en noem maar op. Porsche kondigde een paar jaar geleden aan om, in navolging van andere grote automerken, een terreinwagen op de markt te zullen brengen. Terwijl niemand ook maar een fragment van het ontwerp had gezien, leidde de aankondiging dat zo'n auto (Porsche Cayenne) op de markt zou worden gebracht, ertoe dat in enkele weken tijd 60.000 stuks werden besteld. Hoezo beleveniseconomie?

Gezondheidszorg

Ik denk dat de gezondheidssector bol staat van mogelijkheden om belevenissen toe te voegen aan diensten, op voorwaarde dat medewerkers anders gaan kijken naar 'hun product', 'hun dienst'.

Vergelijk het maar met de producent van huishoudelijke apparaten. Die was waarschijnlijk nooit op het idee gekomen van een koelkastje in de auto- of bankleuning wanneer hij zich niet verdiept had in de eetbeleving van gebruikers. En toegegeven, de meeste fabrikanten komen ook niet tot echt fundamentele vernieuwingen omdat de neiging groot is uitsluitend naar het apparaat zelf te kijken.

Figuur 4.1
Belevenisimago van Harley.

Dat is ook de makke in de gezondheidszorg. Bij vernieuwing wordt maar al te vaak uitgegaan van veranderingen in het product of de dienst zelf, waardoor iets beter gaat, sneller wordt, effectiever is.
Maar zelden zie je voorbeelden van vernieuwingen die het gevolg zijn van het creatief ingaan op de belevenis van de klant.
Waarom werkt er geen masseuse in een verpleeghuis? Waarom geen kindercrèche in een zorgcentrum? Waarom mag een klant niet zijn/haar eigen verzorgster uitzoeken in een zorgcentrum of zelf van tevoren benoemen en meenemen? Waarom bestaan er geen partnerbemiddelingsbureaus die zich op de markt van eenzame alleenstaande ouderen begeven? Wat dacht je van de huisdierendiscussie in zorgcentra? Waar is de lucht van de kokende aardappels en pruttelend vlees gebleven in het verpleeghuis? ('Bij ons komt het eten kant-en-klaar uit de (fabrieks)keuken.')
Toen de eerste tandarts in Nederland een groot tv-scherm met films van rustgevende natuurlandschappen tegen zijn plafond monteerde, werd hij door zijn vakbroeders voor gek versleten.

Omdenken
Ik meen oprecht dat onze sector, die van de gezondheidszorg zich meer dan fantastisch leent voor initiatieven uit de beleveniseconomie. Wie pakt de draad op? Mijn stellige overtuiging is dat mensen werkzaam in de gezond-

heidszorg wel degelijk in staat zijn tot 'omdenken', maar dat het vaak ontbreekt aan een omgeving waar dat ook kan en mag.

Met die omgeving bedoel ik dan niet het gebouw maar veel meer het klimaat waarin 'omdenken' aangemoedigd wordt, waarin geëxperimenteerd wordt en fouten gemaakt mogen worden en waar goed naar klanten wordt geluisterd.

Iets wat heel belangrijk is, is dat bij de inrichting van organisaties voor gezondheidszorg uitdrukkelijk rekening zou moeten worden gehouden met de eigen vrije (regel)ruimte voor mensen die er werken. Immers, een gezondheidszorgorganisatie is net een atelier van vaklieden die allemaal hun eigen klanten op de beste manier willen bedienen. Waar of niet?

5 De praktijk onder de loep

Kennelijk is er iets dat maakt dat goede voornemens, ideeën voor verandering en vernieuwing in onze dienstensector – de gezondheidszorg of de ouderenzorg, net wat je wilt – niet voldoende worden doorgezet. Ze blijven vaak steken in het stadium van probeersels van enthousiaste initiatiefnemers. Hoe komt dat en, belangrijker nog, wat kunnen we eraan doen?
Laat ik met de deur in huis vallen. Wat is er allemaal mis?

Het accent ligt verkeerd

Op de eerste plaats trekken degenen die leidinggeven in de gezondheidszorg, bestuurders, directeuren, managers en hoe ze allemaal heten, volgens mij vaak aan het verkeerde touw. Een goed (financieel) beheer, controle en voldoen aan de vele eisen die onze overheid heeft verzonnen, lijken belangrijker te zijn (geworden) dan het creëren van een omgeving waar vaklieden (jullie) het beste van zichzelf kunnen laten zien om klanten te gerieven. Met andere woorden, het accent ligt verkeerd.

Er is overigens ook niemand in Nederland die zich wel eens afvraagt hoe het komt dat een dienstensector als de onze met zo weinig creatieve ideeën en initiatieven voor klanten komt. De ene club controleert of de vierkante meters kloppen als er gebouwd wordt, de andere of de diploma's van medewerkers in de haak zijn, een derde of de tarieven kloppen en een vierde of de zogenaamde alarmbellen (wat een vreselijke kreet trouwens!) in orde zijn. Dat alles is gebaseerd op een chronisch gebrek aan vertrouwen. In een dergelijk klimaat is het moeilijk voor medewerkers om leuke dingen voor klanten te doen.

Jullie weten dat als geen ander. Al die maatregelen dwarrelen immers ook op jullie neer, zodat te veel van jullie kostbare tijd in beslag genomen wordt door nodeloze bureaucratie, paraferen en schrijven van dossiers waarvan de vraag is wie die ooit leest. Dat lijkt me niet wat je verwacht had toen je ging werken in deze sector, of wel? Niet voor niets stappen veel jonge collega's weer uit omdat ze teleurgesteld zijn geraakt in de werkelijkheid van zorg, afgezet tegen datgene wat ze verwacht hadden.

H.5

Figuur 5.1
Managers trekken vaak aan het verkeerde touw.

Aan welk touw zouden al die bestuurders en managers dan wel moeten trekken?
Dat lijkt een moeilijke vraag, maar het antwoord is simpel. Zij zouden zich als medewerkers moeten afvragen met welke ambitie, passie of opdracht zij eigenlijk dit werk doen.
Een eerlijk antwoord daarop is vaak moeilijk los te weken. Immers, iedereen heeft de mond direct vol van kreten als: 'Bij ons staat de klant centraal', en nog meer van dat modernistische gewauwel waarbij je – wanneer je gaat doorvragen – versteld staat van het gebrek aan goede voorbeelden daarvan. Van Kooten en De Bie maakten daarover jaren geleden al een leuke grap in hun Keek op de Week: 'Wanneer je iemand hoort zeggen dat de klant centraal staat, dan dient deze laatste goed op zijn hoede te zijn...'

Vaak bedoelen bestuurders en managers dat ze hun organisatie goed op orde hebben: een goed financieel resultaat, een laag ziekteverzuim, geoliede werkprocessen en alles in control. Prima! Dat geldt blijkens de jaarverslagen ook van het zorgcentrum waar mijn moeder woont. Evengoed is ze vaak eenzaam, gaat de groepsgym regelmatig niet door, duurt het indraaien van een nieuwe lamp dagen en is er – los van de vele goede bedoelingen – een chronisch gebrek aan persoonlijke aandacht.

Op tijd de pillen, elastische kousen aan en uit, eens per week onder de douche en eens per week bingo met en door vrijwilligers. Ze kan geen letter meer lezen maar bingoot elke week een middag, als afwisseling op het statische dagritme. Langs dit saaie ritme voltrekt zich het leven van mijn moeder in het zorgcentrum.

Leeruitdagingen aangaan

Volgens mij is het feit dat er iets mis is met hoe we leren van en met elkaar een van de hoofdoorzaken waarom we zo moeilijk veranderen en vernieuwen ten gunste van onze klanten. Doordat we leren zoals we leren, ontbreekt het aan een sfeer waarin samen nieuwe dingen gecreëerd kunnen worden. Feitelijk kun je niet leren van en met elkaar in een omgeving die bol staat van regels, voorschriften, protocollen, voorschriften. Immers, alles is al eens voorgedaan en voorgekauwd en je doet er goed aan je binnen die regelcultuur te gedragen. Dan slaag je, ben je een goede medewerker en val je ook vooral niet op.

Stel, je komt in een klimaat met voorstellen om 'beter en anders' voor klanten te werken, terwijl dat tot gevolg heeft dat het dagelijkse ritme daardoor verstoord wordt, de protocollen niet meer kloppen en ga zo maar door. Je manager zal daarvan wakker liggen en dat was niet de bedoeling. Immers, de afdeling of organisatie is met veel bloed, zweet en tranen opgebouwd tot wat die nu is en er wordt niet over gepeinsd dat even te veranderen. Overigens is het nog maar de vraag of, wanneer een dergelijke verandering zou worden doorgevoerd (ik noem maar eens wat, klanten mogen eten op tijdstippen die ze zelf uitzoeken), en zo ja hoe lang deze overleeft. Bij een dergelijke verandering moeten immers verschillende systemen worden aangepast en medewerkers die gewend zijn aan het werken in bepaalde systemen zijn vaak wars van verandering wanneer ze daarmee uit de comfortzone worden gehaald. 'We hadden het zo goed voor elkaar en nu dit...wie heeft dat in vredesnaam verzonnen?'

Ik wil hiermee zeggen dat wanneer bestaande organisaties een klimaat willen creëren waarin goede ideeën en suggesties voor welzijn en geluk van klanten een kans krijgen, er meer moet gebeuren dan enkel een verandering in het systeem. Vaak blijft het helaas daarbij.

Er zijn zeker mogelijkheden om fundamenteel te veranderen, maar dat stelt eisen aan de manier waarop bestuurders, managers en andere leidinggevende personen, met medewerkers samen leeruitdagingen durven aangaan.

Verzuipen in overregulering

Een derde gemiste kans om gezondheidszorgorganisaties te laten bewegen, wordt gevormd door het gebrek aan inzicht in de manier waarop de structuur zo kan worden ingericht dat die enkel een paar hulpmiddelen verschaft en mensen niet doet verzuipen in overregulering.

Kennelijk heeft dat ook met gebrek aan vertrouwen te maken vanuit de leiding, onder het motto: Hoe meer regels, hoe beter de beheersing. Als je dan bedenkt dat veel mensen die werkzaam zijn in de zorg thuis zelf een eigen huishouden bestieren of een complete vereniging of sportclub organiseren. Zodra ze binnen de muren van de zorginstelling zijn, is het afgelopen met dat vele talent en gelden de eigen wetmatigheden.

■

Wat betreft de regelzucht maak ik wel eens een vergelijking met een rotonde in de gemeente Venlo. Vanwege de vele Duitse toeristen die deze stad bezoeken heeft de gemeente op een belangrijk verkeersknooppunt de voorrangsregels naar Duitse normen geregeld. Niet het verkeer op de rotonde heeft voorrang zoals bij ons; nee, het verkeer van rechts heeft altijd voorrang. Er staan op en rond deze rotonde misschien wel twintig verkeersborden, verbods-, gebods- en andere waarschuwingsborden.
Ondanks dat alles hoorde ik laatst van een politieagent dat er gemiddeld genomen drie keer per week uitgerukt wordt om een aanrijding te verbaliseren.

Bij de inrichting van organisaties wordt vaak nauwelijks gelet op de noodzaak van voldoende ruimte voor degenen die er werken. Voor dienstverleningsorganisaties is dat verwerpelijk; het zou naar mijn mening ontwerpeis nummer 1 moeten zijn.

Stel je voor dat de organisatiestructuur van een gemiddelde Nederlandse zorginstelling, met bijbehorende kenmerken, gelegd zou worden op die van Universal Studio's in Hollywood. Dan wens ik je veel plezier. Maar het lijkt me beter om dan thuis te blijven.

■

Bordenvrij dorp zonder ongeluk

Van onze correspondent
Oudelande, maandag
Nu, vier maanden nadat zo goed als alle verkeersborden in het Zeeuwse plaatsje Oudelande zijn weggehaald, weten de bewoners niet beter meer en rijden ze door het dorp alsof er helemaal niks is veranderd. De borden werden weggehaald om er een fraaier dorp van te maken en tot nu toe is er niet één ongeluk gebeurd.
Voorzitter Frans Jansens van de dorpsraad zegt meer dan tevreden te zijn. "Er zijn twintig borden weggehaald en dat blijkt gewoon te werken. We hebben ze hier niet nodig. Wel zijn de komborden gebleven omdat gemeenten dat wettelijk verplicht zijn." Ook het 30 km-bord daaronder is niet weg.

Bron: *De Telegraaf*

In de volgende drie hoofdstukken zal ik uiteenzetten hoe met succes gewerkt kan worden aan mogelijkheden om het tij te keren.

6 Het belang van een gezamenlijke en te onderscheiden boodschap

Organisaties en ondernemingen dienen ergens voor. Ze zijn ooit opgericht met een bepaald doel en ze proberen dat doel ook te realiseren. Wanneer dat doel bereikt wordt, moet 'de organisatie' moeite doen de doelstellingen vast te houden en waar mogelijk de resultaten nog verder verbeteren. Ook kan het zijn dat wanneer het doel bereikt is, de organisatie zichzelf opheft. Wanneer de armoede is bestreden in Nederland, zijn er bijvoorbeeld geen voedselbanken meer nodig. Gezondheidsorganisaties blijven in de regel bestaan omdat het bevorderen van een betere gezondheid en het verhelpen van kwalen en ziekten een doel is waaraan permanent gewerkt wordt.

In de statuten van instellingen in de gezondheidszorg staat doorgaans de officiële doelstelling afgedrukt. Meestal geldt dat daarin hetzelfde staat; wat wel eens afwijkt, is de grondslag op basis waarvan het ziekenhuis werkt. Zo zijn er rooms-katholieke ziekenhuizen, verpleeghuizen die op algemeen christelijke grondslag werken en ga zo maar door. Door de ontkerkelijking in Nederland is het belang van een dergelijke grondslag wat op de achtergrond geraakt. Hierop zal ik hierna terugkomen, immers is er dan helemaal geen grondslag meer van waaruit gewerkt wordt?

Grote verschillen

Als je het zo beziet, lijkt dus elke organisatie in de gezondheidszorg hetzelfde te doen. Niet dus! Er zijn grote verschillen in de manier waarop organisaties functioneren, in de resultaten die ze bereiken en de wijze waarop met klanten en medewerkers wordt omgegaan. Er zijn organisaties waar altijd gedoe is, die vaak de pers halen, waar veel ruzie is en die geen goed imago hebben.

Dan zijn er de organisaties die goed lijken te presteren; ze zijn niet bijzonder, onderscheiden zich niet van andere en er is nooit gedoe, maar ze vallen ook door niets op. Ze zijn braaf, zou je kunnen zeggen.

Tot slot zijn er organisaties die opvallen en zich willen onderscheiden van de rest. In dat soort organisaties wordt goed gepresteerd, worden veel vernieuwingen doorgevoerd, bestaat een goed sociaal beleid en werken medewerkers die gepassioneerd zijn. Het zijn, zeg maar, stoute organisaties.

In dit soort organisaties wil iedereen werken, omdat er kansen zijn, je bent trots er te mogen werken (je wilt toch ook stout zijn...) en je kunt iets betekenen voor je klanten.

In dat type organisaties werken vaak ambitieuze en charismatische leiders die de grenzen opzoeken, er lol in hebben de boel in beweging te zien en kicken op de ontwikkeling van 'hun' mensen. Laat ik eerlijk zijn, ik ken er niet zoveel in de gezondheidszorg. Ik ken er wel een serie buiten de zorg waar dezelfde dingen opvallen.

Missie

Succesvolle organisaties hebben iets te melden, hebben een boodschap voor zichzelf, voor hun klanten en voor de wereld rondom hen heen. Een missie noemen we dat.

Vroeger gingen religieuzen en paters zoals dat heette 'naar de missie'. Tegenwoordig noemen we dat ontwikkelingswerk, waarvan de vraag is of daar nog wel een missie onder zit (doordenkertje). Met die missie wilde men mensen uitzenden om in onderontwikkelde gebieden niet alleen vooruitgang te brengen (zorg, onderwijs, werk enz.) maar ook een boodschap, een geloof. En dat is nu precies wat die succesvolle organisaties onderscheidt van andere gemiddeld of minder presterende organisaties, namelijk het hebben van een missie, een opdracht voor zichzelf en een missie die 'ertoe doet'. Ik zeg dat laatste er meteen achteraan, omdat er ook organisaties zijn die een missie hebben (een missie hebben is immers sexy) en er niets mee doen. Sterker nog, ze pronken ermee in hun prachtig uitgevoerde, glossy geïllustreerde folders en rapporten en nog geen vijf procent van hun medewerkers weet dat ze in een organisatie werken die kennelijk een missie heeft.

Wanneer ik spreek over een missie die 'ertoe doet' dan heb ik het over twee dingen. Ten eerste de manier waarop een dergelijke missie of boodschap tot stand is gekomen, wat er vervolgens mee gebeurt en ten tweede of de gecreëerde missie/opdracht onderscheidend is, het verschil maakt.

Met het eerste bedoel ik dat een bestuurder of directeur alleen nooit een missie kan verzinnen; uiteraard kan dat wel, maar dat zijn de voor-

H.6

Figuur 6.1
Het hebben van een missie, een boodschap, is sexy.

beelden van missies die in de bureaula verdwijnen of alleen maar in de mooie folders staan.

Een missie kan alleen succesvol zijn wanneer mensen die in een organisatie werken met zo'n boodschap er warm voor lopen, in beweging komen, zich geprikkeld en uitgedaagd voelen. Het mooiste is zo'n missie samen met grote groepen medewerkers te ontwerpen; de kans dat het aanslaat is daarmee vergroot. En vergeet niet dat mensen die in de alledaagse praktijk werken maar al te goed weten wat klanten en zijzelf willen. Immers, zij hadden toen zij een beroep in de zorg kozen destijds ook een eigen missie en zochten een atelier waarin daaraan gewerkt kon worden.

Het andere punt betreft het maken van onderscheid via de missie. Willen wij zijn zoals de meeste organisaties in de zorg of willen we juist anders zijn en in welk opzicht? Succesvolle organisaties maken juist vaak het onderscheid door de dingen net iets anders te doen, voorop te lopen, te vernieuwen, nooit stil te staan en ga zo maar door.

Manier van zijn

Hoe kan de missie er nu in de praktijk uitzien en wat heb ik eraan als medewerker? Zoals al gezegd, een missie is te zien als een opdracht; wie en wat willen we zijn (als organisatie), hoe willen we gezien worden door onze klanten en wat willen we op welke manier bereiken? Welke dingen vinden we goed om na te streven, waar gaan we voor en met welke mensen (medewerkers)?

Vaak worden in zo'n missie ook zogenaamde kernwaarden opgenomen, zeg maar gedragingen waardoor de mensen in die organisatie opvallen en waar de klant prijs op stelt. Zo'n missie is absoluut geen doelstelling. Een missie is meer een manier van zijn van de organisatie.

■

Voorbeeld

Een doelstelling zou als volgt kunnen luiden:

Verpleeghuis Iris verpleegt, verzorgt en behandelt langdurig zieke personen die door het ontbreken van zelfzorg en mantelzorgmogelijkheden niet meer in staat zijn zelfstandig te leven.

Je merkt misschien wel dat zo'n mooie volzin eigenlijk weinig zegt. Zoals ik hiervoor al aangaf, staat dit type doelstellingen in statuten van organisaties en ze hebben weinig te zeggen.

Voorbeeld van een (door mij bedachte) missie

■

Zorggroep Atlantis is een organisatie voor en van mensen. Klanten voelen zich bij ons gasten en onze medewerkers voelen zich bij ons geprikkeld om goed gastheer te zijn en het beste van zichzelf te investeren.
Atlantis wil voortdurend in beweging zijn door samen met gasten en medewerkers te zoeken naar mogelijkheden de zorg en dienstverlening tot een persoonlijke beleving te maken en te verbeteren. Positieve energie is wat onze organisatie kenmerkt.
Atlantis garandeert respect- en liefdevolle omgangsrelaties met gasten in een professionele omgeving. Onze gasten doen ertoe.

Onze medewerkers voelen zich ambassadeur van Atlantis en verstaan de kunst om mensen welkom te heten en zich op hun gemak te laten voelen.
Atlantis verkoopt nooit nee, tenzij dat om allerlei legitieme redenen niet anders kan.
Werken bij Anlantis is leuk en uitdagend. Wij zijn steeds op zoek naar ieders eigen talent en bouwen dat samen uit waar mogelijk.
Atlantis wil vindingrijke, enthousiaste medewerkers aan zich binden en niet alleen het resultaat telt. Onze medewerkers moeten zich bij ons gelukkig voelen doordat ze bij ons een podium vinden waarop ze hun talenten samen met onze gasten kunnen laten zien.

Wanneer je zo'n voorbeeld van een missie leest, wat valt je dan op in tegenstelling tot wat je in je eigen werkomgeving gewend bent aan te treffen? Leuk om over na te denken, niet? Het legt waarschijnlijk ook meteen bloot waar je kritiek hebt ten opzichte van de organisatie waar je werkt of waar je verwachtingen al of niet vervuld worden.

Analyse
Laten we de missie van Atlantis eens nader analyseren op de verschillende onderdelen.

Atlantis is van en voor mensen

'Voor mensen' is wel duidelijk maar ook 'van mensen'? Ja natuurlijk, de organisatie is weliswaar eigendom van een stichting of bv, maar dat wordt hier niet bedoeld. Hier wordt bedoeld dat je wanneer je bij Atlantis werkt, het gevoel moet hebben/krijgen dat die organisatie ook van jou is, je jezelf ook medeverantwoordelijk voelt. Dat is even iets anders dan wanneer anderen altijd verantwoordelijk zijn. Atlantis streeft dus naar een situatie waarin medewerkers zich voor alles wat er in de organisatie gebeurt verantwoordelijk weten.

Bijvoorbeeld, een familielid van een klant vraagt jou in het weekend of ze de behandelend arts kan spreken over de gezondheid van haar vader; ze is bezorgd over hem en zit met een aantal vragen. Zeg je dan:'U kunt het beste morgenvroeg direct zelf met hem bellen', wetende dat de arts dan de afdelingsronde maakt en overleg met de collega-artsen heeft en daardoor moeilijk bereikbaar is?

Of je lost het, omdat je niet wilt dat dit familielid een paar keer tevergeefs zal bellen, zelf als volgt op. Je zegt tegen het familielid dat jij er persoonlijk voor zorgt dat de arts haar morgenvroeg zelf belt. Klein verschil, niet? Met overigens grote consequenties. Het moet ook maar kunnen in de interne verhoudingen dat artsen zich laten voorschrijven door anderen met wie of waarover ze te bellen hebben.

En daar zit het katje. Bij Atlantis Zorggroep hebben ze dat voor elkaar. Op het podium ziet de klant (het familielid) een mooie voorstelling (hij wordt keurig geholpen) en achter de schermen hebben ze het zo voor mekaar dat er gediscussieerd kan worden hoe ze klanten het best bedienen.

Klanten voelen zich bij ons gasten

Wat ook opvalt, is dat Atlantis geen patiënten/bewoners/klanten heeft maar gasten. En dat betekent nogal wat. Wanneer er gasten zijn, betekent dat ook dat er gastheren (-dames) zijn. Het verschil tussen patiënt/bewoner/klant en gast zijn bestaat eruit dat gast zijn psychologisch net een andere lading heeft. Mits deze gasten- en gastheerrol tenminste wordt waargemaakt.

In de patiënt/bewonersrol zit qua beleving vaak een sterk gevoel van afhankelijkheid. Klant zijn is wat steriel wellicht; gast zijn betekent dat jij de baas bent, jij niet hoeft in te leveren/op te offeren, jij de regie bepaalt en jij je prettig voelt. Uiteraard kun je er als gast ook voor kiezen de regie aan de gastheer te geven. Niks mis mee maar niet vanzelfsprekend! Van patiënt/klant naar gast betekent niet alleen maar de bordjes verzetten door een woord te veranderen.

Het zal wel duidelijk zijn dat dit een fundamenteel andere benadering vraagt en absoluut ook de nodige veranderingen in afspraken, werkmethoden, oude gewoonten en de manier van organiseren.

Atlantis wil voortdurend in beweging zijn en samen met gasten en medewerkers zoeken naar mogelijkheden

Een mooie volzin lijkt het, maar erachter gaat een wereld schuil van ambities en bedoelingen om de dingen echt anders aan te pakken. Tenminste, wanneer Atlantis zichzelf en anderen serieus neemt en daar gaan we van uit.

Samen met gasten en medewerkers zoeken naar verbeteringen

Dat bekent veel praten met gasten en met medewerkers maar ook medewerkers als gastheer laten optreden en in die rol stimuleren en prikkelen.

Het is duidelijk dat zoiets alleen kan wanneer medewerkers de ruimte en het vertrouwen krijgen van hun leidinggevende.

Atlantis streeft naar respect- en liefdevolle relaties in een professionele omgeving

Hier is sprake van drie kernwaarden waarvan Atlantis het kennelijk de moeite waard vindt om erin te investeren. Het zal je duidelijk zijn dat dit niet vanzelf gebeurt.

Atlantis zal zijn medewerkers duidelijk moeten maken wat daaronder wordt verstaan en met hen samen moeten werken aan de voortdurende bewaking en verdere ontwikkeling ervan.

Door dergelijke kernwaarden te benoemen, weet de gast ook direct wat hij mag/kan verwachten. In mijn woorden: een manier van omgaan tussen gasten en medewerkers die oprecht en authentiek/naturel is en met respect. Respect vooral in de zin van accepteren dat een gast zijn eigen leven leidt, zelf keuzen kan en wil maken en respect in de zin van op de goede manier omgaan met de afhankelijkheidsrol van de gast.

Een gast kan weliswaar afhankelijk zijn van een medewerker door zijn handicap, maar dat betekent nog niet automatisch dat die medewerker de regie over het leven van die gast ook gaat beïnvloeden en domineren.

Met 'een professionele omgeving' wordt niet alleen bedoeld dat de medewerkers goed opgeleid zijn volgens de laatste standaarden, maar vooral ook dat ze de kunst verstaan de gast te respecteren in zijn rol van afhankelijke (en dat is gemakkelijker gezegd dan gedaan).

Niet alleen het resultaat telt, medewerkers moeten zich bij ons gelukkig voelen

Natuurlijk gaat het ook bij Atlantis uiteindelijk om geld. Wanneer geen financieel gezonde onderneming bestaat kun je de rest wel vergeten. Logisch, niet? Maar hier wordt iets fundamenteels gezegd over het boeken van resultaten en op andere terreinen dan financieel. Atlantis streeft ernaar dat een resultaat van het werk ook is dat medewerkers zich gelukkig voelen in het werk. Pas dan kunnen ze zich geven als gastheer ten opzichte van de gasten. Een mooi financieel resultaat is prachtig maar wanneer een medewerker al weken met rugklachten rondloopt zonder dat Atlantis iets doet, is dat dus geen goed resultaat.

Inhoud van een missie

Genoeg over de missie van Atlantis zelf. We zullen er nu nog even van een afstand naar kijken.

Feitelijk is de inhoud van deze missie als volgt opgebouwd. Ze zegt iets over wat de organisatie wil zijn en welke ambities zij heeft, over wat klanten kunnen verwachten, over wat medewerkers kunnen verwachten en welke nastrevenswaardige kernwaarden/gedragingen er aanwezig zijn. Tot slot staat in de missie nog iets over het type organisatie dat Atlantis wil zijn, vernieuwend, onderscheidend, in beweging en van mensen.

Lees de missie van Zorggroep Atlantis nog eens een paar keer na en doe dat langzaam.

Welke dingen vallen je op en – belangrijk – waardoor word je persoonlijk geraakt? Wat spreekt je aan en waarom zou je bij Atlantis willen werken?

Ga nu terug naar je eigen organisatie. Heeft die een geformuleerde missie? Vraag eens na bij je manager. Lees deze missie eens kritisch na. Vind je dingen terug die zojuist zijn genoemd als kenmerken bij de opbouw van een missie?

Mission statement

Zo'n missie, heb je wel gemerkt, kan niet in een paar woorden geformuleerd worden. Hij neemt toch al gauw een kwart A-viertje in beslag en dat is ook genoeg. Wanneer er veel meer woorden nodig zijn klopt er iets niet. Wanneer te wollig geformuleerd wordt, is het risico groot dat de ambities en bedoelingen niet begrepen worden of te veel ruimte laten voor allerlei interpretaties.

Veel bedrijven en ook gezondheidszorginstellingen halen uit hun missie vaak een of meer kernwoorden die heel treffend en superkort weergeven wat de organisatie is of wil zijn. Dat noemen we een mission statement.

Je kent de prachtige voorbeelden wel uit reclames. 'Nokia, connecting people' is een voorbeeld van zo'n prachtige vondst. Nokia gebruikt het werkwoord to connect in dubbele betekenis, door ermee uit te drukken wat het bedrijf in technisch opzicht doet (mensen door telefonie met elkaar verbinden) en wat ermee wordt bereikt (verbindingen tussen mensen tot stand brengen). Smullen, niet?

Een mission statement is niet zomaar een loze kreet en zeker geen reclameslogan.

'V&D, het grootste warenhuis van Nederland' is zo'n voorbeeld van een reclameboodschap die misschien wel iets zegt over de omvang, maar niets over datgene wat je er kunt verwachten.

Gezondheidszorginstellingen hebben soms ook een mission statement. Let er maar eens op en probeer het verschil te zien tussen het echte mission statement en de zinnen die meer op een reclameboodschap lijken. Zorggroep Noord-Limburg, de organisatie waar ik werk, heeft een mooi mission statement (zeg ik niet zonder trots): Natuurlijk betrokken.

Het woord 'natuurlijk' wordt in dubbele betekenis aan het woord 'betrokken' gekoppeld. 'Natuurlijk' in de zin van: vanzelfsprekend en 'natuurlijk' in de zin van: 'van nature' (echt, onvervalst), als 'tweede natuur' (een soort instinct). Deze definities van het begrip betrokkenheid zijn ook terug te vinden in de missie van Zorggroep Noord-Limburg.

Dat is wel een eis. Een mission statement mag niet losstaan van de missie zelf; in dat geval hebben we te maken met een (al of niet mooie) reclameboodschap die het toevallig goed doet of lekker in het gehoor ligt.

Wat kan ik ermee?

Ik wil je niet teleurstellen, maar ik kan je verklappen dat er niet zo gek veel gezondheidszorginstellingen zijn in Nederland die een missie hebben. Ik ken overigens ook directeuren die het verloren tijd vinden of menen dat de missies van gezondheidszorginstellingen uiteindelijk toch allemaal hetzelfde zijn. Mijns inziens is dat een grove ontkenning van de eigen mogelijkheden om van je organisatie iets te maken. Natuurlijk, elke organisatie wil wat, heeft bedoelingen, streeft dingen na en dat zal vast wel ergens op papier staan. Je zult mij ook niet horen zeggen dat elke organisatie een missie moet hebben zoals die in dit hoofdstuk beschreven is.

Maar ik vind wel dat ergens moet zijn geformuleerd wat een organisatie wil, nastreeft en wil betekenen. Alleen op die manier kun jij immers nagaan of je bij zo'n club wilt horen.

Wanneer jij ambities hebt als werker in de zorg – en die heb je, immers je wilde wat toen je voor dit beroep koos – dan kun je in de organisatie waar je werkt ook helpen de discussie over jouw eigen ambities en die van de organisatie op gang te brengen.

Wanneer je in jezelf, je kwaliteiten en je mogelijkheden gelooft, zorg er dan voor dat je opvalt. Bij je klanten (gasten?) en in de organisatie zelf. Wees maar eens flink stout! Daarin kan een oorsprong van verandering liggen.

7 Leren leren

Je hebt beslist wel eens gehoord van de term 'lerende organisatie'. Boeken zijn erover volgeschreven. Organisaties staan tegenwoordig erg onder druk vanwege de vele technologische, sociale en economische veranderingen. Dat maakt dat organisaties zich snel aan nieuwe omstandigheden moeten zien aan te passen. Bijblijven is niet meer genoeg, het gaat er ook steeds meer om bepaalde ontwikkelingen vóór te blijven. Dit vraagt van organisaties dat zij in staat zijn zichzelf permanent aan te passen en te veranderen. Dat gaat uiteraard niet vanzelf, dat moet geleerd worden. Over hoe organisaties leren om te leren gaat dit hoofdstuk.

Organisaties zelf kunnen niet leren. Een organisatie is immers niets. Je kunt geen pilsje drinken met een organisatie. Het gaat altijd om de mensen die in de organisatie werken en samen met elkaar aan de slag zijn en samen veranderingen aangaan met elkaar. Immers, wanneer klanten gasten worden, zoals we hebben gezien in het vorige hoofdstuk, betekent dat nogal wat.

Een organisatie kan alleen maar leren hiermee om te gaan doordat de mensen die er werken hun gedrag veranderen. Want leren betekent eigenlijk gedrag veranderen.

Een enkel individu in een organisatie kan geen verandering teweegbrengen. Misschien wel aanzetten ertoe of mooie stoute ideeën opperen, maar een verandering in een organisatie slaagt pas wanneer een groep, een collectief (onderdelen van organisaties), samen besluit anders en beter te willen en dus hun gedrag te veranderen.

Wanneer in dit hoofdstuk sprake is van leren, heb ik het dus niet over kennis bijspijkeren. Dat heet opleiden, wat wil zeggen hulp geven aan iemand om bij te leren, bijvoorbeeld op het gebied van management of verpleegkunde.

Over hoe leren in organisaties in zijn werk gaat, dus het veranderen van gedrag van groepen mensen, gaat het volgende.

H.7

Organisatiegedrag

Mensen gedragen zich in organisaties vaak anders dan in hun privéleven. Mensen gaan bij een organisatie werken omdat ze een vak hebben geleerd dat ze bij die organisatie willen uitoefenen. In zo'n organisatie ontstaat een taakverdeling tussen mensen waarbij de taak bepaalt *wat* er gedaan moet worden en de geschiktheid *wie* dat moet doen. De leidinggevende regelt deze verdeling meestal en stelt ook vaak de regels vast. Hij bepaalt de regels van het spel en de manier waarop gespeeld zal worden. Op deze manier ontstaat een zekere mate van voorspelbaarheid in het gedrag van mensen, immers zij gaan zich gedragen naar die regels en het spelverloop.

Voor de baas in kwestie lijkt dat fantastisch. Hij heeft niet te maken met onzekerheden, alles is voorspelbaar en planbaar en het werk komt geheel naar zijn zienswijze en opvattingen tot stand.

Het gedrag van mensen die in zo'n groep werken noemen we organisatiegedrag. Naarmate zo'n organisatie ingewikkelder en complexer wordt, ontstaan meer regels en voorschriften, want het is en blijft voor de leidinggevende van belang de boel goed te beheersen.

Regels

Door de toename van het aantal regels in organisaties wordt het organisatiegedrag in termen van wat gedaan moet worden steeds sterker bepaald. Regels gaan over het 'moeten en mogen' in een organisatie. Vaak zijn dat instructies, procedures, protocollen, schema's, machtigingen, taakomschrijvingen, enzovoort. Maar vaak zijn het ook ongeschreven regels zoals mededelingen, afspraken, verhalen die de ronde doen en non-verbale gedragingen (kun je af- of goedkeuring uit lezen). Al deze regels geven aan hoe de leden van de organisatie zich dienen te gedragen.

Inzichten

Degene die de set aan regels heeft bedacht, had toen hij ze invoerde bedoelingen daarmee die gebaseerd zijn op bepaalde inzichten. Bijvoorbeeld het inzicht hoe een organisatie het best gestuurd kan worden of hoe je met lastige medewerkers moet omgaan of hoe je medewerkers kunt laten meedenken over de ontwikkeling van het bedrijf.

Bij een startend bedrijf zijn dit vaak de inzichten van de oprichter/ starter en in meer gevestigde bedrijven/instellingen zijn dat de opvattingen

Figuur 7.1
Het blijft voor de baas van belang de boel te beheersen.

van 'de top, de directie', de leden van een managementteam of de staf. Het gaat dan veelal over gedetailleerde zaken, zoals de inkoop, een zorgvisie, hoe regelen we de besluitvorming, budgettering en de communicatie.

Het doel van deze inzichten is dat je kunt verklaren en begrijpen wat het nut en de noodzaak is van al de regels die eronder liggen.

Samengevat is er dus sprake van organisatiegedrag van groepen mensen. Dat gedrag is vaak het resultaat van regels in de organisatie van wat mag en moet ('mogen en moeten') en die komen op hun beurt weer uit de koker van de leiding die deze regels baseert op bepaalde inzichten ('weten en begrijpen').

Principes

Wanneer je deze begrippen opeenstapelt, onderaan organisatiegedrag, daarboven regels en daarboven weer inzichten, dan kunnen we nog een begrip toevoegen boven op de piramide en dat zijn principes ('durven en willen').

Principes zijn min of meer met elkaar gedeelde opvattingen, uitgangspunten en beginselen over de vraag welk bedrijf of instelling men wil zijn. Hoe herken je het, eigenlijk is het de missie van een organisatie. Deze principes geven de instelling een eigen gezicht, een eigen identiteit.

In kleinere ondernemingen zijn deze principes vaak afkomstig van de oprichter; in meer gevestigde, grotere bedrijven die van de directie en hun managementteam. Zo'n groep noemen we wel de cultuurdragers van het bedrijf (mijns inziens is dat niet terecht, de echte cultuurdragers zijn jullie, de mensen die het werk doen). Cultuurdragers vertegenwoordigen in persoon de identiteit van de organisatie, omdat de principes waarop het bedrijf gebaseerd is die van hen zijn: 'Kom niet aan de medische dienst, dan kom je aan Jan' (die er de baas is). Veranderingen in deze principes vergen veel durf en de oprechte wil om anders en beter te willen. Het is natuurlijk het mooist wanneer medewerkers die aan de basis in de zorg werkzaam zijn (mijns inziens de échte cultuurdragers) de identiteit van de organisatie in hun persoon voelen en vertegenwoordigen. Dat noemen we wel eens 'de ambassadeursrol vervullen'.

Samenhang

Elke organisatie bestaat uit, is gebaseerd op een samenstel van regels (mogen en moeten), van inzichten (weten en begrijpen van de regels) en van principes (wat zijn we en wat willen we) (figuur 1). Als het goed is, heb je misschien al in de gaten waar ik naartoe wil.

Wanneer we organisaties willen veranderen, kan dat maar in beperkte mate door regels te veranderen. We spreken dan van verbeteren. Regels veranderen doordat de inzichten die erboven liggen veranderen. We spreken dan van vernieuwing, misschien wel doordat de principes die eraan ten grondslag liggen veranderen. In dat geval is er sprake van ontwikkeling.

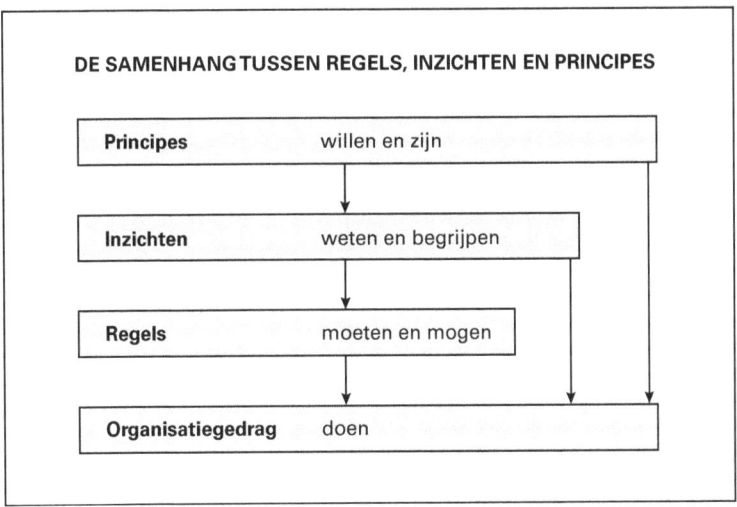

Figuur 7.2
De samenhang tussen regels, inzichten en principes.

Wanneer nu een organisatie geen missie heeft, is het ook lastig te begrijpen waar bepaalde inzichten (bijvoorbeeld een visie op zorg) en daarmee de organisatieregels (procedures/protocollen) vandaan komen! Probeer zelf eens na te gaan welke regels er zoal zijn op je afdeling en herleid deze eens naar bovenliggende inzichten. Waar komen ze vandaan? Of komen ze nergens vandaan?

Over leren in organisaties valt nog een heleboel te zeggen, maar voorlopig gaan we het even doen met het overzicht zoals weergegeven in figuur 1.

Alvorens een voorbeeld te geven van hoe leren in de praktijk kan verlopen, nog even dit. Eerder heb ik geschreven over het begrip 'dienstverlening' en de in toekomst steeds belangrijker wordende noodzaak in dienstverlening belevenissen in te bouwen. Belangrijk kenmerk van dienstverlening waarbij de klant zelf altijd meewerkt (bij de kapper, in de horeca, in de gezondheidszorg) is de menselijke factor van de kant van de dienstverlener. Hij bepaalt in hoge mate hoe de klant de dienst ervaart.

H.7

■

Voorbeeld

Stel je voor, je werkt in een verpleeghuis en je wilt op jouw eigen manier met klanten omgaan. In dit verpleeghuis hebben ze het ogenschijnlijk allemaal goed voor elkaar, maar jij bent het met een aantal zaken niet eens. Volgens jou wordt de klanten tekort gedaan omdat de organisatie en het gladjes verlopen van werkprocessen door de leiding en de meerderheid van je collega's belangrijker wordt gevonden dan het geven van persoonlijke aandacht.

Je hebt twee keuzen.
1 Je past je aan omdat je het gevoel hebt er toch niets aan te kunnen veranderen. Je blijft dan wel achter met het gevoel mee te werken aan een systeem waarin mensen tekortkomen en dat was toch niet je verwachting toen je verzorger werd. Na verloop van tijd ga je een andere baan zoeken.
2 Je probeert een discussie met collega's op gang te brengen waarbij aanzetten tot samen leren van de grond zouden kunnen komen…Je komt dus zelf in beweging, omdat je het de moeite waard vindt te investeren in beter. Goed om te weten in dat geval is hoe leren gaat en in welke mate je invloed kunt uitoefenen.

Leerslagen

Enkelslag leren
Samen leren door de regels te veranderen noemen we enkelslag leren; er wordt maar een slag gemaakt zou je kunnen zeggen.

■

Voorbeeld servicebedrijf

Bij een servicebedrijf voor huishoudelijke apparaten verdubbelt in een jaar tijd het aantal klachten. Na een onderzoek wordt samen met de monteurs gezocht naar oplossingen en vervolgens worden de routeplanning, de telefonische bereikbaarheid en de dienstroosters veranderd.

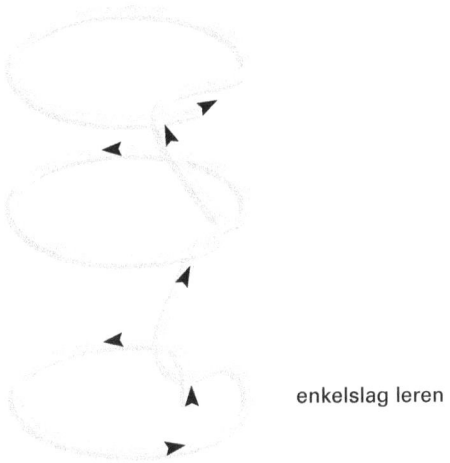

enkelslag leren

Figuur 7.3
Enkelslag leren op het niveau van regels.

■

Voorbeeld zorgcentrum

Het functioneren van een afdelingshoofd van een zorgcentrum staat steeds meer bloot aan kritiek. Zijn manager stuurt hem naar een coach, de taakverdeling tussen hem en de medewerkers wordt op punten aangepast en er vinden nu regelmatig teamgesprekken plaats waarin gesproken wordt over de onderlinge verhoudingen.

Veel veranderingen in instellingen voor gezondheidszorg – neem alle drukte rond kwaliteitscertificering – liggen vaak op het niveau van enkelslag leren. Uit de voorbeelden in het kader mag echter niet worden opgemaakt dat enkelslag leren 'simpel' is. Integendeel, ook bij enkelslag leren gaat het vaak om ingrijpende veranderingen in het gedrag van mensen. De achter de regels liggende inzichten staan hierbij overigens niet ter discussie. Het beeld over hoe de organisatie in elkaar zit en waarom wel/niet, is niet de discussie. De veranderingen liggen op het niveau van 'beter van hetzelfde' waarbij de HOE-vraag telkens van belang is en niet de WAAROM-vraag. Enkelslag leren is hetzelfde als verbeteren.

Tweeslag leren

Bij tweeslag leren is niet alleen een verandering van de regels maar ook van de achterliggende inzichten aan de orde. Hier wordt geleerd op het niveau van inzichten. Ik sluit aan bij de voorbeelden die net gegeven zijn.

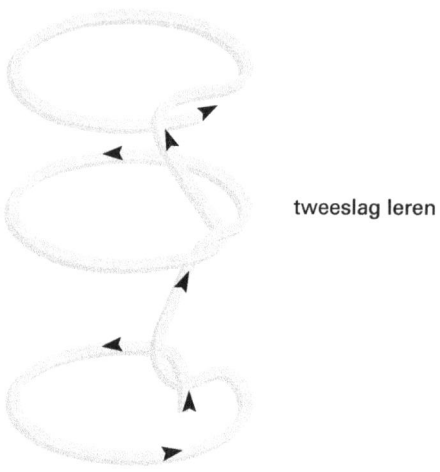

tweeslag leren

Figuur 7.4
Tweeslag leren op het niveau van inzichten.

■

Voorbeeld servicebedrijf

Na verloop van tijd loopt het aantal klachten bij het servicebedrijf opnieuw op, hoewel de regels, schema's zijn aangepast. Even leek het erop dat dit effectief was geweest. Niet dus, de klachten nemen hand over hand toe.
Er wordt een organisatieadviseur binnengehaald die samen met de directie en monteurs gaat zoeken naar oplossingen. Na een eerste sessie blijkt al gauw dat de baas, oprichter een zeer directe en dominante stijl van leidinggeven

hanteert die niet meer van deze tijd is. Hij neemt altijd alle beslissingen zelf en de monteurs hebben simpelweg zijn opdrachten uit te voeren.
Bij de monteurs overheerst een houding van 'als je het zo hebben wil, dan kun je het ook zo krijgen'.
De adviseur stelt voor om in toekomst een regelmatig werkoverleg in te voeren waarin de klachten van klanten en suggesties voor verbetering kunnen worden ingebracht.

■

Voorbeeld zorgcentrum

Aanvankelijk lijkt het erop dat de sfeer in het zorgcentrum verbetert en iedereen weer naar tevredenheid zijn werk kan doen. Op een gegeven moment neemt het ongenoegen echter weer toe, er is veel personeelsverloop en het ziekteverzuim stijgt.
De manager gaat in gesprek met het hele team en men besluit dat het de voorkeur heeft de hele werkstructuur aan te passen en de taakverdeling tussen afdelingshoofd en teamleden ingrijpend te veranderen.

In deze voorbeelden wordt duidelijk dat bij tweeslag leren sprake is van een ander niveau van leren dan bij enkelslag leren. Tweeslag leren vereist een hoger niveau van inzicht in hoe iets functioneert, de oplossingen zijn ook meestal verdergaand. Ook is het aantal betrokken deelnemers groter en duurt het leerproces langer. Aan de orde zijn vooral WAAROM-vragen, het waarom van de regels, van wat moet en mag.

Bij tweeslag leren is bijna altijd sprake van conflicten en tegenstellingen; niet alleen tussen de leiding en de medewerkers maar ook tussen afdelingen en medewerkers onderling. Als men de WAAROM-vragen hier niet goed stelt of durft te stellen, blijft het probleem steken in het veranderen van regels en komt men dus niet verder dan enkelslag leren.

Hier komt vaak het verschijnsel 'vluchten voor problemen' om de hoek kijken. Vluchten kan ook betekenen 'niets doen'. Men schuift het probleem voor zich uit in de hoop dat het vanzelf oplost.

Tweeslag leren is nodig als het veranderen van de regels alleen niet meer helpt en wanneer men door bijstelling en verandering van regels niet meer weet waar men aan toe is. Anders gezegd, de regels worden in hun onderlinge samenhang niet meer begrepen.

Voor tweeslag leren is zelfkennis bij de betrokken mensen nodig, zodat signalen van een haperende organisatie worden opgevangen en herkend. Ook inzicht in wat de omgeving daarvan vindt is nodig en tot slot de samenhang tussen regels en de inzichten daarachter.

Tweeslag leren noemen we ook vernieuwen. Je vernieuwt immers je gezamenlijke inzicht in iets, waardoor de verandering kan ingaan. Aan de daarboven liggende principes doe je nog niets.

Drieslag leren

Van drieslag leren is sprake wanneer de essentiële principes, grondslagen waarop de organisatie is gebaseerd, ter discussie komen te staan. Dan worden er vragen gesteld die je jezelf ook kunt stellen bij de formulering van een missie. Wie zijn we? Wat willen we (zijn)? In welke markt willen we actief zijn? Voor welke klanten? Hoe zien we onze medewerkers? Welke zijn onze kernwaarden? Op welke kurk willen we eigenlijk drijven?

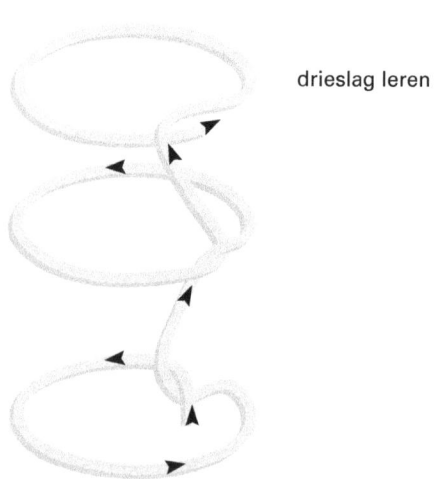

Figuur 7.5
Drieslag leren op het niveau van principes.

Terug naar de twee voorbeelden.

■

Voorbeeld servicebedrijf

Na twee jaar zwoegen met het fenomeen werkoverleg en inspraak van medewerkers blijkt het voor de directeur-eigenaar nog steeds lastig om ermee om te gaan en hij twijfelt eraan of hij wel de juiste man op de juiste plaats is. Hij besluit zijn zoon, die meer van deze tijd is en ook nog eens bedrijfskunde gestudeerd heeft, een kans te geven om in het bedrijf een nieuwe stijl van leidinggeven door te voeren, op termijn zelf op te stappen en zijn zoon de zaak te laten overnemen.

■

Voorbeeld zorgcentrum

Na verloop van tijd doen zich op meer plaatsen in het zorgcentrum soortgelijke problemen voor. Er is veel ongenoegen bij de cliëntenraad, de ondernemingsraad sputtert regelmatig en het verzuim neemt toe.
De directie besluit met alle afdelingshoofden en een delegatie medewerkers uit alle afdelingen een Heidedag te organiseren om grondig met elkaar te brainstormen over hoe het zorgcentrum in de toekomst weer gezond kan worden, wat de missie zou moeten zijn en welk type leidinggevende en medewerker daarbij het best past.

Bij drieslag leren komen vooral WAARTOE-vragen aan de orde. Wat voor soort afdeling/zorgcentrum willen we zijn en met welke uitkomsten en resultaten? Eigenlijk dus vragen over WAT wij WILLEN en ZIJN.

Vrijwel alle organisaties komen in hun bestaan meermalen voor dit soort vraagstukken te staan; immers de omgeving verandert, de eisen die klanten stellen aan organisaties veranderen in hoge mate en alleen bijblijven is niet meer voldoende.

Als aanpassen en veranderen op tweeslagniveau (door reorganisaties, herstructureringen enz.) niet meer helpt of medewerkers daarvan de zin niet meer zien, is dat een indicatie voor meer, voor drieslag leren.

Voordat het echter zover is, is er doorgaans al sprake geweest van veel vluchtgedrag, een gevecht en is er ook heel veel pijn geleden in een organisatie. Het probleem is altijd vermeden kunnen worden. En iedereen voelt op zijn klompen aan dat de bom gaat barsten wanneer niet een keer lucht gegeven wordt en ruimte voor fundamenteel debat gaat ontstaan.

Drieslag leren is niet gemakkelijk. Het kost lef en moed, vooral van de kant van de leiding, om allerlei 'heilige huisjes' en daarbij behorende waarden ter discussie te stellen.

Drieslag leren noemen we ontwikkelen. Ont-wikkel-en: de wikkel ofwel de verpakking ergens vanaf halen, waardoor iets bloot komt te liggen. Mooi passende beeldspraak, of niet? Op het niveau van drieslag leren wordt dan duidelijk of er wel of geen principes liggen onder het bestaan van de organisatie.

Investeren?

Ik kan me voorstellen dat er, nadat je dit alles hebt gelezen, bij jou gemakkelijk een gevoel van uitzichtloosheid ontstaat. Dat je denkt: Mijn hemel, dat kun je in onze organisatie wel vergeten, of: ik begin er niet eens aan, bij ons verandert toch nooit iets.

Vergis je niet. Op de eerste plaats zijn dienstverleningsorganisaties bij uitstek geschikt om veranderingen door te voeren en met elkaar te leren, het gedrag samen te veranderen. Omdat het werk betreft 'van mens tot mens' (kenmerk van dienstverlening) en het besef wel degelijk aanwezig is dat in het type organisaties waar wij werken (verpleeghuizen, zorgcentra en thuiszorgorganisaties) klanten uitsluitend tevreden zijn wanneer ook de medewerker aan zijn trekken komt.

Anders is dat bijvoorbeeld bij grote (productie)bedrijven die als een machine worden geleid en waar mensen als radertjes worden gezien in een groot samenhangend productiesysteem. De overheid, autofabrieken, verzekeringsmaatschappijen en telefoonbedrijven (denk maar aan het KPN-verhaal) zijn daarvan mooie voorbeelden.

Dergelijke organisaties leren maar moeilijk. Ze zijn er primair op gericht tot in de kleinste details problemen te voorkomen en daarmee dus ook het leren. Anderen weten wat goed is voor jou als medewerker en in plaats van hun medewerkers te laten leren, *beleren* deze organisaties.

Er bestaat angst om te leren omdat het ter discussie stellen van de bovenliggende inzichten en principes bedreigend is voor de directeur, de manager en het systeem. Waarom zou je risico lopen? Stel je in zo'n organisatie eens voor dat alles 'over de kop' gaat. Wat er dan in de beleving van de superieuren gebeurt, is niet te overzien.

Dus gewoon maar niet doen en over tot de orde van de dag.

Mocht jij nu werken in een organisatie die daar veel op lijkt, dan raad ik je aan eens goed om je heen te kijken. Leren en gedrag veranderen in dat type organisatie staat gelijk aan 'hang yourself' en waarom zou je dat doen?

Verdiepen

Het is heel verstandig om je, wanneer je meer zoekt dan werk alleen en je eigen idealen en ambities wilt waarmaken, vooraf grondig te verdiepen in de organisatie waar je voor kiest en kritische vragen klaar te hebben. Vragen bijvoorbeeld die een antwoord geven op de mate van beweging die er is, wat hun missie/opdracht is, wat jouw rol is naast die van werker: wordt er meer verlangd en wat dan?

Het kan nooit kwaad om tevoren eens met de aanstaande collega's te gaan praten over hoe zij de organisatie ervaren en of ze er hun ei kwijt kunnen.

8 Tussenstand

Waar staan we nu en wat kunnen we alvast concluderen? En... belangrijk! Wat heb je er allemaal aan?

Dienstverlening, dus ook verplegen en verzorgen, is een leuk vak. Je kunt er van alles van jezelf instoppen en dat geeft voldoening. Het leuke is dat geen dag hetzelfde is en klanten steeds weer anders reageren. Het geeft een kick daarop ook telkens anders in te gaan.

Voorwaarde is wel dat de organisatie waar je werkt ook wil dat je dat doet en je daarvoor ook de ruimte geeft. Veel organisaties hebben daar moeite mee, niet met het idee maar hoe het voor elkaar te krijgen en te organiseren. De leidinggevenden trekken vaak aan het verkeerde touw en zijn te eenzijdig gericht op beheersing in plaats van ontwikkeling.

Beheersing is comfortabel, je loopt immers geen risico. Ontwikkeling is griezelig, avontuurlijk en legt dingen bloot; immers, de uitkomst staat nooit van tevoren vast. Bij beheersing is die kans veel groter.

Figuur 8.1
Beheersing is comfortabel.

Moeizaam

Hoewel het besef doorbreekt dat het juist de medewerkers uit zorgorganisaties zijn die van klanten gasten kunnen maken, verloopt de verandering naar dienstverleningsconcepten waar ook belevenissen in voorkomen maar erg moeizaam.

Overigens valt aan dienstverlening met een belevenissaus eromheen – zie het voorbeeld over het kopje koffie – ook nog eens geld te verdienen. Mensen zijn immers graag bereid meer te betalen voor extra's, voor unieke belevenissen en persoonlijke ervaringen.

We hebben gezien dat gezondheidsorganisaties meestal geen uitgesproken missie hebben. Ze hebben wel vaak veel en ook goede doelstellingen, maar dikwijls ontbreekt een gezamenlijke koers waaraan men zich consequent houdt en naar gedraagt: Waar gaan we heen? Wat willen we zijn? Hoe zien we onze klanten en medewerkers? enzovoort.

Ook hebben we gezien dat leren en veranderen in organisaties lastig is.

Krachten bundelen

Dat alles maakt mijns inziens dat het allemaal zo langzaam gaat met vernieuwing in de zorg; vaak drie stappen vooruit, twee achteruit. Jammer is dat veel mensen de hoop opgegeven hebben of dat zullen doen. Ze vertrekken naar een ander vak of berusten. Dat is een slechte zaak. Zij zouden juist hun krachten moeten bundelen om een beweging naar 'anders en beter' voor elkaar te krijgen.

Verderop in dit boek komt aan de orde hoe je jezelf daarbij kunt helpen.

9 Deelnemen aan organisaties

We hebben gezien dat organisaties eigenlijk niet bestaan; je kunt ze geen hand geven maar ook geen schop onder hun kont wanneer je niet tevreden bent. Organisaties zijn verzamelingen van mensen met een bepaald doel, die al of niet samen iets realiseren, nastreven, daarvoor beloond worden en er niet wonen. Dat laatste klinkt simpel maar is wel waar. Klanten in een verpleeghuis wonen vaak 'in de organisatie' en hebben geen andere keus. Medewerkers werken er en hebben elke dag de keus er te blijven of te vertrekken. De keuze om er te werken is vrijwillig. En dat is een wezenlijk verschil.

Scheiding

In organisaties moet van alles en nog wat geregeld worden; daarom is er een scheiding aangebracht tussen diegenen die regelen en organiseren, de leiders, en degenen die het werk uitvoeren, de medewerkers. Vaak hebben leiders een drang om de gang van zaken in een organisatie tot in de puntjes te willen beheersen. De vraag is of dat eigenlijk wel kan, want wat beheersen ze dan?

Het gevolg van een te sterke drang naar beheersing is dat er veel fout gaat en medewerkers steeds verder verwijderd raken van waar het eigenlijk om gaat. Ooit een van deze kreten gehoord: 'Dat regelen ze bij ons boven allemaal', of: 'Hij gaat zijn gang maar, de tijd zal wel leren of het werkt of niet'?

Op de keper beschouwd zitten in dat type organisaties mensen elkaar gruwelijk voor de gek te houden. De een denkt dat hij de boel beheerst door allerlei maatregelen uit te vaardigen en degenen voor wie de regels bedoeld zijn, geloven er niet in of saboteren ze in het ergste geval. Wat een tijdverspilling.

Kern van de zaak is vaak een gebrek aan vertrouwen. Waarom heb je eigenlijk zoveel regels nodig? Er werken volwassen mensen in de zorg die zelf ook wel snappen dat dingen geregeld moeten worden en dat ze daar zelf voor kunnen zorgen.

Organisaties die het goed doen

Organisaties die het goed doen, hebben doorgaans een ander type leidinggevenden aan boord, geen regelnichten maar leiders die medewerkers stimuleren leuke dingen voor klanten te doen.
 In dat soort organisaties voel je vaak aan de sfeer dat er sprake is van plezier in het werk, dat er een sfeer is van vertrouwen en dat er goede onderlinge en collegiale verhoudingen zijn. De mensen gaan ervoor, er is een laag ziekteverzuim en het barst er van de initiatieven en activiteiten.

Verschillen
Waarin verschillen die organisaties nu van de andere? Allereerst zijn die organisaties vaak anders ontworpen, niet op de tekentafel bij de directeur maar samen met de mensen zelf.
 Op de tweede plaats bestaan er binnen dat soort organisaties vaak eigen ideeën en opvattingen over hoe het anders en beter kan in de zorg en is er een geformuleerde missie die bekend is en waarmee actief gewerkt wordt.
 Op de derde plaats tref je in deze organisaties een stijl van leidinggeven die past bij de missie. Een vooruitstrevende missie komt natuurlijk ook niet zomaar tot stand.
 Tot slot beschouwen dit soort organisaties vaak de medewerker als het belangrijkste kapitaalgoed dat ze hebben. Er zijn veel organisaties die dat roepen, maar bij deze is het echt zo. Op alle fronten zie je medewerkers meedenken in het beleid, er worden talentenklassen georganiseerd en leuke vernieuwingsprojecten die vaak uit het brein van medewerkers zelf voortkomen.

Vaak hebben leiders van dit type organisaties ook een helder beeld van wat ze willen en hoe dit te bereiken en verstaan ze de kunst medewerkers op hun eigen manier te laten excelleren ten aanzien van klanten. Zij bepalen niet in detail hoe alles moet, maar beperken zich tot het aangeven van enkele kaders (hulpmiddelen); ze gooien af en toe een creatief idee naar binnen om de medewerkers te prikkelen en te triggeren. Leiders zeggen dan vaak: 'Onze organisatie is maar een hulpmiddel om medewerkers datgene te laten doen met klanten wat zij van ons verwachten. We storen de medewerkers minimaal bij die bezigheid en alles wat er niet toe doet, wordt geskipt.'

Deelname van medewerkers
Een belangrijk kenmerk van vernieuwende organisaties in de zorg is dat op uitgebreide wijze de deelname wordt bevorderd van medewerkers in het

ontwikkelen van de dienstverlening en de organisatie daarvan. Daarachter gaat het idee schuil dat het juist in veel gevallen medewerkers zijn die de beste ideeën hebben over hoe de dienstverlening verbeterd kan worden en dat zij ook bij uitstek kunnen beoordelen welke dingen werken en welke niet. Immers, zij zijn het best op de hoogte van de verwachtingen en wensen van klanten. Daarvoor hoef je geen ingewikkeld onderzoek te doen; de kennis ligt voor het grijpen.

Door medewerkers te laten participeren in het beleid en de keuzen die daarin gemaakt worden, ontstaat (opnieuw) vertrouwen dat men hen serieus neemt en hen opnieuw voor vol aanziet. Ik zeg uitdrukkelijk 'opnieuw', omdat dit nog geen gemeengoed is in veel organisaties .

Vergeet niet dat mensen, ook in zorgorganisaties, tijden lang nooit gevraagd werd om hun mening. Het deelnemen aan de discussie – als die er al was – bestond vooral uit conformeren, zich invoegen en aanpassen. Mensen deden het werk waarvoor ze waren aangenomen op de manier die van ze verwacht werd. Dit lijkt gemakkelijk, maar dat is het, tenminste wanneer je jezelf serieus neemt, uiteindelijk natuurlijk niet. Stel je voor, je wordt door klanten gevraagd om dingen anders te doen, zij uiten wensen en verwachtingen. Jij weet dat die niet te vervullen zijn omdat de organisatie daarvoor geen ruimte geeft. Dat lijkt mij op den duur niet vol te houden, of wel?

Deelnemen aan het beleid

In het slechtste geval pas je jezelf aan, voeg je in. Feitelijk neem je dan dus niet deel. De organisatie stelt dat ook niet op prijs en gaat verder met de boel sterk te beheersen. In dat geval kun je deelnemen door bijdragen te leveren. Bijdragen die ertoe dienen het bestaande systeem te verbeteren en die direct ingevoerd kunnen worden. Dat behoeft vaak geen ingewikkelde discussies. Hierbij geldt vooral dat voorstellen bruikbaar moeten zijn en direct toepasbaar. Je hoeft de organisatie ook niet op de kop te zetten.

Dan kun je nog bijdragen door dingen ter discussie te stellen; eigenlijk door openlijk kritiek te uiten op de bestaande werkelijkheid. Je spreekt de leiding aan over zaken waar klanten en jij last van hebben op een manier die kan en mag en zodanig dat de leiding die houding van je ook juist aanmoedigt.

Dan kun je nog actief deelnemen aan het beleid en de gang van zaken door met de leiding samen te werken, je als het ware met de leiding te verbinden. Hierdoor is niet meer zo van belang wie de baas is, eerder telt het goede idee of het resultaat van wat medewerkers en leiding samen creëren. In die situatie is het optimale bereikt; medewerkers voelen zich voluit medeverantwoordelijk voor de gang van zaken en kunnen naar hartenlust nieuwe initiatieven creëren voor hun klanten.

Verbinden

Wanneer je de niveaus waarop je kunt deelnemen goed op je laat inwerken, ontdek je er ook de drie leerslagen in, enkelslag, tweeslag en drieslag leren.

Tegenwoordig wordt veel gesproken over wat men noemt 'verbindend leiderschap'; daarmee wordt bedoeld een stijl van leidinggeven waarbij leiders zich (weer) gaan verbinden met waar het eigenlijk om gaat, namelijk de inhoud van het werk (zorg/dienstverlening in ons geval) en de relatie met hun medewerkers. Een mooi begrip, verbinden. Bovendien vind ik het woord 'verbinden' ook uitstekend passen in de theorie over de drie leerslagen.

Naarmate je van enkelslag leren gaat naar tweeslag en mogelijk naar drieslag leren, ontstaat weer een optimale verbinding tussen medewerkers en leiding. Dat geldt overigens ook voor het niveau van deelname in een organisatie. Naarmate de leiding je uitdaagt met haar samen te werken en de vraag belangrijker is of je samen mooie dingen voor elkaar krijgt dan de vraag wie de baas is, dan ontstaat een mooie nieuwe verbinding.

10 Jij als trotse ambassadeur van jouw zorgbedrijf

In dit hoofdstuk geef ik een aantal tips en voorstellen hoe je je als medewerker weer met je klanten en de leiding zou kunnen gaan verbinden en hoe je jezelf de trotse ambassadeur van je gezondheidszorginstelling kunt gaan voelen.

Over ambassadeurschap nog even het volgende. Veel zorgorganisaties maken tegenwoordig marketingplannen om de gunst van bestaande en nieuwe klanten voor zich te winnen; immers de concurrentie heeft ook in de zorg toegeslagen en elke klant is er een!

Het management van zorgorganisaties probeert in die marketingplannen slimme dingen te verzinnen rondom de vraag hoe ze zich nog mooier en positiever in de etalage kunnen zetten. Een van de dingen die je daarbij dikwijls hoort, is dat medewerkers bij uitstek een goed marketingmiddel zijn. Wanneer zij de zaak positief uitdragen naar buiten toe is dat de beste reclame, zo wordt gedacht. En dat is natuurlijk ook zo. Geen betere ambassadeurs dan tevreden medewerkers.

Toch vragen veel managers in de zorg zich af waarom medewerkers die rol niet op zich nemen. Misschien weet jij na het lezen van dit boekje de reden daarvan wel?

Tip 1. Organiseer beweging om je heen

Wanneer je het gevoel hebt dat het 'anders en beter' kan in de setting waar je werkt, ga in gesprek met je collega's en de leiding over de vraag hoe dat zou kunnen.

Neem als uitgangspunt altijd wensen en verwachtingen van klanten, daar kan uiteindelijk niemand tegen zijn. Wanneer je geen gehoor vindt, kun je ook tegendraads aan verwachtingen van klanten werken ('anticyclisch verwachtingen managen' heet dat met een duur woord). Hoe doe je dat?

Je weet dat klanten door ervaringen hun verwachtingen van jullie, van je afdeling of organisatie geleidelijk aan zijn gaan accepteren; ze hebben zich als het ware aangepast. Je zou om beweging te creëren nu tegendraads aan deze verwachtingen kunnen werken door juist het tegengestelde te doen.

Wanneer de gevestigde verwachting is dat alle klanten tussen acht en negen uur 's morgens uit bed moeten, zorg jij er persoonlijk voor dat mensen die willen uitslapen dat ook kunnen en dat zet je op jouw manier gewoon door.

Zelf kun je ongetwijfeld meer voorbeelden noemen van dingen die je zou kunnen uitproberen.

Het resultaat is dat je en aan klanten, en aan de leiding en je collega's laat blijken dat je klantgericht wilt werken en je niet langer wenst aan te passen aan de gevestigde orde. Gewoon stout doen!

Ik ben ervan overtuigd dat je medestanders krijgt en dat klanten dit gaan waarderen.

Tip 2. Probeer samen met collega's of alleen je creativiteit uit

Door anders naar de werkelijkheid te kijken waar jij, je collega's en je klanten deel van uitmaken, kan nieuwe energie ontstaan waardoor 'omgedacht' kan worden.

Voorbeeld

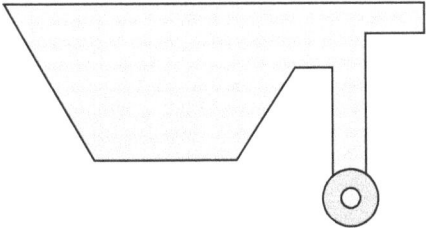

Op dit plaatje is een kruiwagen afgebeeld. Je eerste idee is: dat is geen kruiwagen! Kan niet. Het wiel is te klein, het handvat is te kort, er is geen balans, je kunt er niet veel in laden en het ding ziet er ook nog eens belachelijk uit.

Opvallend – en dat is vaak ook het geval bij nieuwe ideeën– is dat wij de neiging hebben om dingen die afwijken van de werkelijkheid zoals wij die kennen (de standaardkruiwagen) meteen af te schieten en negatief te beoordelen. Maar er is zeker wel iets te zeggen over mijn kruiwagen, misschien iets positiefs of ten minste iets neutraals, of niet?

Kinderen die dit kruiwagenplaatje krijgen voorgeschoteld, reageren enthousiast: 'Hé, dat is een interessante kruiwagen. Wanneer je modder aan het wiel krijgt kun je hem er met je schoen afschoppen.'

Of: 'Als je met die kar vol zand boven een kuil staat, kun je hem gemakkelijk leegmaken wanneer je er een laadklep inbouwt.'

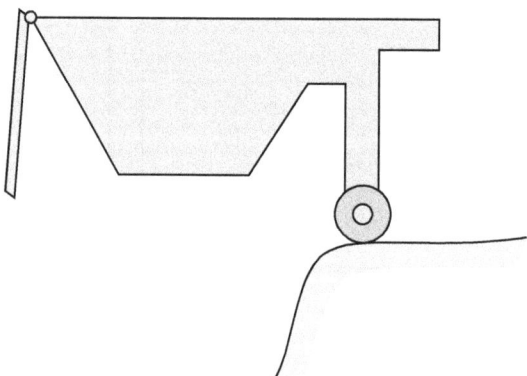

Of: 'Je kunt aan deze kruiwagen gemakkelijk een gewichtmeter aanbrengen waardoor je kunt voorkomen dat de kar overbelast raakt.'

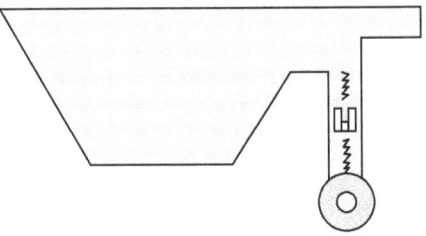

Je kunt samen met collega's brainstormen over nieuwe ideeën hoe klanten meer en beter tegemoet te komen. Probeer gekke ideeën dan niet direct te verwerpen, maar probeer er eens anders naar te kijken, op de PNI-manier:
- **P** wat is positief aan dit idee,
- **N** wat is negatief aan dit idee en
- **I** wat maakt dit idee interessant.

Kijk nog maar eens naar het kruiwagenverhaal. Kinderen kijken vooral naar wat het ding interessant maakt. Volwassen hebben snel de neiging om af te wijzen en te bekritiseren. Wees maar eens een heel stout kind samen met je collega's!

Op deze manier heb ik veel leuke projecten in zorginstellingen voorbij zien komen, bijvoorbeeld 'Verborgen verlangens'.

■

Verborgen verlangens

Verborgen verlangens is een project waarbij in hoge mate op de persoonlijke beleving van klanten wordt ingegaan, door gewone en ook buitengewone wensen te honoreren.

Een vrouw (80 jaar) bezoekt een vroeger vriendje dat ze zestig jaar niet meer gezien heeft, een verlangen waar ze al jaren mee rondloopt. Medewerkers helpen haar dit te realiseren.

Een man die vroeger machinist was op een stoomlocomotief, wil nog eens voor op de bok van een moderne trein. Hij maakt de rit van zijn leven mee door samen met de machinist de route Venlo-Nijmegen te rijden. Hoezo belevenissen organiseren?

Nog een mooie. Een oude vrouw die haar leven lang in een woonwagenkamp heeft gewoond en nu in het verpleeghuis in de terminale fase van haar leven is, uit de wens om in een woonwagen te mogen sterven. Ook deze wens wordt vervuld. Een woonwagen wordt gecharterd en zij overlijdt op een vredige manier.

Medewerkers zijn niet tevreden over de manier waarop afscheid genomen wordt van familieleden, met wie vaak een lange relatie heeft bestaan, na het overlijden van hun dierbare. Zij vinden dat herinneringen zouden moeten worden meegegeven aan de nabestaanden en bedenken de Memory-box, een doos met persoonlijke eigendommen, leuke anekdotes over en herinneringen aan over de overledene, foto's uit het verpleeghuis en een afscheidsbrief. Die wordt enkele dagen na het overlijden aan de familie wordt overhandigd. Een mooier afscheidscadeau kunnen nabestaanden zich als herinnering aan de overledene en aan de tijd in het verpleeghuis niet voorstellen. Een mooi voorbeeld van belevenissen aan de dienstverlening verbinden.

Zo zijn er eindeloos veel mogelijkheden om belevenissen aan dienstverlening te verbinden, mits de ruimte wordt genomen en medewerkers durven door te breken, af te wijken van het normaal gangbare. Publiceer dit soort voorbeelden in je personeelsblad en zet anderen aan ook zo te doen.

Wat dacht je van de kick die je zelf krijgt wanneer dit soort dingen lukken. Fantastisch toch? Dan ga je je vanzelf ambassadeur van je club voelen, ook zonder moeilijk marketingplan.

Doen! Stout zijn!

Tip 3. Organiseer klantenpanels

De beste raadgevers in je organisatie zijn natuurlijk de klanten zelf. Ga regelmatig met hen en/of hun familie om tafel en probeer boven tafel te krijgen waar de schoen wringt en ga na of zij ideeën hebben over wat anders en beter kan en op welke manier. Het hoeft niet eens allemaal officieel. Je

Figuur 10.1
... omdenken ...

kunt ook gewoon tijdens het werk en in gesprek met familieleden achterhalen waar leuke en mooie ideeën zitten voor verbetering.

Ik ben ervan overtuigd dat dit veel kan opleveren en vergeet niet dat je je door dit stelselmatig en consequent te doen, kunt onderscheiden van je collega's. Immers, in no time weet jij meer van je klanten dan alle anderen samen.

H.10

Een leuk voorbeeld uit de industrie waar klantenpanels uiteindelijk tot een fantastisch initiatief hebben geleid is weergegeven in het kader.

■

Voorbeeld

Volkswagen enquêteerde in het verleden regelmatig de kopers van zijn auto's over hun belevenissen bij de aankoop van hun Polo, Golf of Kever. Ook gingen ze via klantenpanels regelmatig in gesprek met hen.
Wat bleek: de aankoop van een auto was een feest, maar de garages waar die aankoop gedaan werd en waar weken later de auto werd opgehaald, maakten er geen feest van. De koper haalde de sleutel en de papieren op, kreeg technische instructies die hij ook weer snel vergat, kreeg een bloemetje mee en dat was dan dat.

Door gesprekken met klantenpanels werd Volkswagen zich bewust van het feit dat mensen vaak lang sparen voor zo'n aankoop, dat de dag waarop de auto gekocht wordt, een spannende dag is en het afhalen eigenlijk een belevenisevenement van jewelste zou moeten zijn. Wat dacht je van de kinderen die meegaan om de auto op te halen. Die liggen er wakker van!

Daar heeft Volkswagen handig op ingespeeld. Ze hebben in 2000 Volkswagenstad opgericht, een themapark in Wolfsburg, waar alles gericht is op de Volkswagen in een funny omgeving met Volkswagen-oldtimers, racebanen voor kinderen, restaurants en allerlei attracties rond de automobiel. Ergens op het dagje uit met de familie wordt ter plaatse de aangekochte auto met veel emoties omgeven aan de nieuwe gelukkige eigenaar overgedragen. Hoezo belevenissen creëren?
Zonder jarenlange bestaande klantenpanels was deze successtory nooit ontstaan; dat verzin je niet zomaar.

Dat brengt me overigens terug naar het begin van dit boek, naar mijn moeder die in het zorgcentrum wordt 'opgenomen'. Wat een vreselijk woord eigenlijk, 'opnemen', het heeft de lading van 'aanpassen aan', van 'conformeren aan', terwijl juist het tegendeel waar zou moeten zijn.
Ik maak me sterk dat van zo'n ingrijpende overgang van eigen huis

naar zorgcentrum een onvergetelijke positieve belevenis gemaakt kan worden. Jij?

Wees maar eens creatief en goed stout met je collega's en sla aan het fantaseren hoe dit anders en beter zou kunnen. Het hoeft niet per se op Volkswagenstad te lijken.

Tip 4. Relativeer

Hierna volgt nog een aantal tips over hoe jezelf in acht te nemen en te beschermen voor overdreven verwachtingen.

Misschien schets ik in dit boek in jouw beleving een wat te somber beeld over hoe moeilijk het is organisaties te veranderen; misschien denk je wel: Bij ons zorgbedrijf werken we al zo en het beweegt flink. Prima, in dat geval draagt dit boekje mogelijk bij aan je inzicht in hoe de wereld van een organisatie eruitziet en hoe je deze verder kunt beïnvloeden. Anderen zullen denken: Dit boek helpt me de wereld om me heen beter te begrijpen en biedt mogelijkheden tot verandering.

Wees hierin niet te naïef. Veranderen is lastig, ontwikkelen ('blootleggen') nog lastiger.

Vergeet niet dat je organisaties niet veranderen kunt, hooguit het gedrag van de mensen die er werken.

Een organisatie is niet maakbaar in die zin dat je morgen kunt afspreken met zijn allen anders te gaan werken. Het vraagt van iedereen die er werkt creativiteit, lef (stout zijn) en een rotsvast geloof dat het altijd beter en anders kan.

Neem altijd klantenwensen als uitgangspunt en niet de organisatie zelf.

Tip 5. Oefening

Doe de oefening 'Mijn eigen bedrijf' (hoofdstuk 11), alleen of samen met collega's.

Figuur 10.2
Zorg voor plezier in je vak.

11 Case: Mijn eigen bedrijf

**Deze oefening doe je alleen maar wanneer je jouw eigen fantasie de vrije loop kunt laten gaan.
Niets is onmogelijk, alles mag, niets moet!**

'Mijn eigen bedrijf' is een oefening die je helpt bij jezelf te achterhalen waar jouw ambities liggen en hoe jij – als het helemaal aan jou zou liggen – je werk zou willen inrichten voor jou en je klanten. Het hoeft uiteraard geen zorgbedrijf te zijn. Ook wanneer het een ander bedrijf is, levert deze oefening voor jou aanwijzingen over jouw eigen ambities en missie. Daarmee kun je jezelf activeren in het zorgbedrijf waar je vandaag de dag werkt.

Ook hier geldt weer: wees maar flink stout!

Oefening

Stel je voor, je bent in de gelegenheid om je eigen werkelijkheid volledig te creëren en je gaat je eigen bedrijf oprichten. Loop de volgende vragen in je fantasie eens langs.

- Wat voor een bedrijf zou het zijn?
  Wat maak je? Producten? Diensten? Of zelfs belevenissen?
- Voor wie zijn die 'producten' uiteindelijk bedoeld? Wie zijn je afnemers, je klanten of misschien wel je gasten?
- Geef eens een beeld van de omgeving waar dat bedrijf staat.
  Wat voor gebouw? Hoe is het ingericht? Met welke meubels? Kleuren? Muziek? Licht?
- Heeft je bedrijf ook medewerkers of doe je alles zelf? Zo ja, wie zijn dat dan en hoe kom je eraan? Wat doen ze de hele dag en... lijken ze op jou? Of zijn ze juist heel anders? Hoe leren je medewerkers en jij? Hoe inspireer je hen en jullie elkaar?
- Heeft je bedrijf ook een passende naam? Hoe kom je daarop?
- Bestaan er meer bedrijven zoals het jouwe en wat maakt jouw bedrijf anders?
- Wat wil je dat klanten vinden van je bedrijf en hoe kom je daarachter?

Figuur 11.1
Wees maar flink stout.

- En je medewerkers? Wat zouden die moeten vinden?
- Wat zou je uiteindelijk willen bereiken met je bedrijf? Heb je een eigen missie? Hoe wil je dat anderen straks denken over jouw bedrijf?

Succes!

Geraadpleegde bronnen

Gunnarsson, J. en Blohm, O. (2005). *Hostmanship*. Westfield: The Robert K. Greenleaf Center Inc.

Swieringa J. en Wierdsma, A.F.M. (1990). *Op weg naar een lerende organisatie*. Groningen: Wolters-Noordhoff.

Campbell, D. (1985). *Take the road to creativity and get off your dead end*. Greensboro: Center for Creative Leadership.

Pine, B.J. en Gilmore J.H. (1999). *The experience Economy*. Boston: Harvard Business School Press.

Reageren?

Wil je reageren op de inhoud van dit boek? De auteur stelt daar zeker prijs op. Reacties kunnen gemaild worden naar jos.spatjens@home.nl of opgestuurd naar Zorggroep Noord-Limburg, ter attentie van Jos Spätjens, Postbus 694, 5900 AR Venlo.

GPSR Compliance
The European Union's (EU) General Product Safety Regulation (GPSR) is a set of rules that requires consumer products to be safe and our obligations to ensure this.

If you have any concerns about our products, you can contact us on

ProductSafety@springernature.com

In case Publisher is established outside the EU, the EU authorized representative is:

Springer Nature Customer Service Center GmbH
Europaplatz 3
69115 Heidelberg, Germany